黃律聖

金融交易的 $ 天堂與地獄

台灣20個驚天動地期貨交易實例

- 7 個月獲利100%的台灣贏家團隊(操作中國滬深300指數期貨)
- 2 天暴虧 6 億元的證券前董座操盤內幕(台灣史上最大違約案)
- 3 天賠光 2 億元的面板業大老闆(多年期權獲利轉眼成空)
- 1 天斷頭追繳1200萬的金控董事長(選擇權賣方大咖)

好評 中央大學經濟系教授/**朱雲鵬** 臺灣金融研訓院精英講座/**呂忠達**
推薦 寶富期信總經理/**好聖唐** 新浪網財經頻道編輯/**張世**

推薦序、

中央大學經濟系教授　朱雲鵬

　　律聖是我的學生和朋友，他多年來一直在兩岸期貨、證券及基金方面持續進行著寫作及教育的活動，特別是在中國大陸最大入口網站——新浪網的台指期貨寫專欄已經超過四年，亦是受邀到北京新浪網記者會演講的台灣唯一講師，我想這是台灣人之光。長久以來，律聖對於推動兩岸期貨相關教育一直不遺餘力，現在看到這本書稿問世，更是為國內市場的期貨業內或業外人員感到高興。他邀請我作序，我欣然同意。我覺得像律聖這樣既有完整股指期貨市場經歷，又有多年實際接觸證券營業員和大客戶經驗的專家，如果能把多年的實際案例編成書籍並出版上市，對於相關知識的傳授，應是一大貢獻。

　　縱觀全書，這20個期貨實際案例中，有人2天內虧掉6億，也有人2個月賺了800倍，像這樣的極端案例，若非律聖平時廣泛接觸兩岸廣大期貨客戶，即使是大型期貨公司動員很大人力也未必能找到，這些都是可遇不可求的案例，也是本書最有價值的地方。

我向大家慎重推薦這本書：它是一本為期貨初學者或是中等程度的人而寫、也是台灣第一本以簡單易懂的期貨實際案例為主的書籍。如果您能夠把書中的案例看懂，並把它運用到實際操作，您的期貨操作應該有機會立於不敗之地。

　　是為序。

推薦序、

台灣金融研訊院精英講座　呂忠達

　　本書的作者黃律聖先生是我相識多年的好友，他一向好學慎思，對於各種金融專業知識都有獨到見解，特別是在期貨領域方面鑽研甚深，這在投信業從業人員中實屬少見。律聖在台灣期貨與選擇權市場浸淫多年，令我印象深刻的是，當年他所服務的公司募集台灣第一檔期貨信託基金（CTA）時，多數同仁對於期貨相當陌生，但熟悉期貨的他，憑藉個人專業知識，針對客戶進行有效溝通，因此在銀行通路經營上，募集到全公司第一名的基金額度。

　　此外，能源、農產品以及黃金商品是這幾年投信的熱門產品，但大多數投資人對這類產品的專業知識瞭解不夠深入，特別是這類原物料相關商品，這兩年受期貨市場變化影響越來越大，由此可以看出未來期貨等衍生性金融市場，其角色與地位日益重要，面對瞬息萬變的全球金融市場，強化期貨的專業知識與背景，將可對一般讀者朋友判讀金融走勢有所幫助。

　　坊間一般期貨出版品討論期貨交易，多半是以理論為主，對於各種交易策略案例，多為假設性前提，本書則以20個台灣期貨真實案例為核心，並將失敗和成功的案例都詳加分析，這類資料蒐集相當不容易，彌足珍貴。

　　這應該是台灣第一本以期貨實際案例為主的書籍，即使讀

者是期貨與選擇權領域的生手，只要熟悉書中所提的交易法則，並且具備耐心、紀律等特質，都有機會在期貨市場長期存活且獲利，這是一本很好的工具書，在此鄭重推薦之。

推薦序、

寶富期信總經理　賴聖唐

　　在擔任台灣第一家專營期信基金公司總經理之前，我從事期貨自營操作將近十年，對於期貨的策略性操作有很深入的了解，但遇到律聖後才知道他是期貨業中除了操作以外，其它事務都十分精通的人才，他除了是台灣在基金和期貨兩個領域都能深入了解的少數講師外，也是兩岸補教界期貨科目的老師，而因為他出版的這本書，我才知道單單一個人的力量也可以找到如此多精彩的實際案例，頗讓我感到訝異。

　　律聖從事期貨工作僅有5年經歷（2001年～2006年），但這5年期間他經歷了台灣期貨業最輝煌的時期（當時期貨成交量少但手續費很高，是大戶市場）；後來他到台灣最大金控公司旗下的投信公司擔任銀行理專講師，又花了5年時間把全球基金走勢融會貫通，結合期貨和基金兩種商品，相輔相成，並長期在兩岸演講與期貨相關的金融專業。這本書的書名寫得非常好，「金融交易的天堂與地獄」，在期貨世界中的確是作對了就上天堂、慘賠就下地獄，台灣要找到這樣的書籍的確很不容易，因為無論客戶操作成功或失敗，一般都不會提供其交易過程，本書能順利完稿，應該是他十多年來不斷積累客戶人脈的結果。

這是一本獻給渴望提升期貨專業技能、樹立良好操作心態的操作者，能幫您在期貨專業知識領域迅速縮短失敗經驗的必備書籍；如果您已經在期貨操作領域表現出色，還希望百尺竿頭更進一步，不妨也請翻閱本書，書中的每個案例都可能讓您在未來的道路上走得更長更遠。循著這本書的指點，我想您最終會找到想要的答案，祝福每位讀者都能成為期貨贏家。

推薦序、

新浪網財經頻道編輯　張琪

　　2007年4月和黃律聖先生認識，他從臺灣打來電話，毛遂自薦想要在新浪網開辦股指期貨專家專欄，我們在經過瞭解並查看了很多黃先生的文章後，決定與黃先生合作，就這樣他一寫就寫了四年多的時間。專欄的內容受到各界的關注，包括交易所人士、期貨公司及一些市場人士都覺得他的文章很有參考性，很多媒體、期貨公司、證券公司、銀行等都紛紛轉載他的文章，這也足以說明這些文章的可讀性。從滬深300股指期貨上市籌備到2010年4月份正式推出，他一直是新浪財經最專業、最受關注的期貨專欄作家之一。2010年5月新浪網舉辦滬深300期指仿真交易大賽的閉幕典禮，本想邀請他來演講，後雖因故未能成行，但律聖對新浪網期貨頻道的支援，本人衷心感謝。

　　律聖在此書所寫過去10年臺灣期貨業所發生最經典的20個期貨和選擇權案例，真的非常精采，中國滬深300股指期貨推出已經近一年半，未來中國期貨市場將還有很多新品種推出，由於臺灣和中國金融業的發展在華人界是最相近的，這些案例除了臺灣讀者可以參考外，未來中國期貨市場也極有可能發生這樣的案例，內地讀者同樣可以受益。在此鄭重推薦對期貨感興趣的讀者，以此書作為跨入期貨的第一本工具書將是您的最佳選擇。

（原文為簡體字，改為繁體字）

自序、

　　踏入期貨業（2001年）算是很早，但其實完全是無心插柳，只因當時沒工作了，剛好手上有張期貨證照（這張證照是1999年我考的第一張證照，當時很不想去考，被逼的），沒想到進期貨業後從一個菜鳥教育訓練人員，5年時間內成為台灣最大補習班教授期貨證照考照率第一名的講師（教過很多銀行和證券公司）、台灣第一檔期貨信託基金CTA的銷售講師（還擔任期貨公會講師）、中國最大入口網站新浪網的專欄期貨作家及新浪網滬深300指數期貨仿真交易（模擬交易）北京中外記者會邀請演講台灣唯一講師（後因故未能成行），甚至在杭州和上海幫中國前五大券商核心客戶（2000萬人民幣資產的100位客戶）開了兩場大型期貨說明會，以及和10億人民幣的某位大客戶教授期指等，更在近期幫中國最大證券中信證券的中信出版社出版的外國期貨翻譯書籍《期貨獲利策略》寫推薦序，期貨對我而言已經成為生命中最重要的事，這大概是我一輩子都無法想像的。

　　還記得剛進入期貨市場時，大台指每口手續費曾最高達2000元（單邊），台指選擇權每口手續費曾最高達300元（我每個月台指選擇權手續費都好幾萬，但其實我下很少口），那真是個遙不可及的年代。我長期輔導各家券商，遇過千奇百怪的案例，到了今日，期貨和選擇權都推出十多年了，對多數台灣投資人而言仍是一個未知的投資工具，因為期貨市場的危險度一直是所有金融商品中最高的。

　　在台灣100多萬名開戶的期權交易者中，大概只有8萬戶是

實際有每月甚至每週交易（實動戶），而這群交易人中估計最多只有8000人有賺到錢，且真正賺到可以買屋、買車的更不到800人，大約只有實動戶的1/100，我稱之為「八百戰士」，大家都想成為這800人之一，但99%都是戰死，而且多數熬不過一年，甚至更短。

如果你做過賣方，沒有經歷過隱含波動率到50%甚至80%以上，就不會知道當賣方的可怕，你一天虧的錢，可能要用一年甚至一輩子來還，所以當賣方根本就是冒著很大很大的風險。我身邊的人的朋友，有人宣稱靠選擇權賣方賺錢，還記得有位理專李小姐，操作1年多，多數都是賣出極為價外的履約價，以7200點來說，就是賣出履約價6200點以下PUT或是8200點以上的CALL，她過去都是賣出30點以下的權利金，運氣好的時候，據說每個月也有1～2萬元收入，她常很得意跟我說這樣比定存高多了，希望靠此賺到車子甚至成為另一筆收入，但說穿了，她就是操作指數永遠、幾乎、不太可能會到的位置。終於在2011年8月這波大跌1500點行情，她虧掉多年所有獲利，還倒賠數十萬，現在看到我她的眼神比以前謙虛多了，市場教會她沒有不會到的點數，只有市場老大要不要打醒你而已。

如果你再問我做股票和期貨有何不同？我要告訴大家，無論是炒作還是基本面好，股票都極容易受到人為影響。跟各位分享兩個故事，第一個是1997年我在文大國企唸研究所的時候，我的室友洪永隆，他學妹的父親是華x科技高階主管，當時的股價是8元/股，因為被動元件景氣翻揚，她告訴我們可以買，一年

半後真的一路衝到320元/股，整整40倍，這是資訊落差。第二個是我的好友施老闆，他用3萬元買進宏達電的認購權證，當時股價600元，當宏達電漲到1200元以上時，他的3萬元認購權證已經變成將近100萬，但他認為宏達電會漲到1500元甚至1800元以上，結果一回檔到800元時只剩下20萬，被他老婆通通徵收回去了，與其說他輸給大盤，也許是他的對手（發行的券商）更厲害。但台指期貨不容易有這樣的問題，也比較客觀，因為連外資或政府都很難大幅拉抬或壓低（但單日影響指數是有可能）。

　　我覺得我和別人不同的是，我是期貨理論者也是實踐者，除了到處演講外，自己也會下單，用實務來實際驗證理論的可行性。由於我的工作性質能接觸各方高手，在期貨業看過的案例何止千百，本書特地精挑細選20個過去10年來台灣期貨業客戶的精彩案例跟大家分享，這些期貨案例也已經被中國的大學引用出版，作為教學使用。書中故事為保護當事人，某些情節和姓名有些微更動，各位在閱讀時不用太拘泥案例中的損益進出金額，因為有可能筆者在訪談中沒有100%被告知，也沒有全部拿到對帳單，但案例都是真實的，各位要學習的是書中勝負的原因，如有跟您相類似是純屬巧合，請多多見諒，這人絕對不是您。

　　本書感謝朱雲鵬教授、呂忠達顧問、賴聖唐總經理及新浪網的張琪小姐為我寫推薦序，以及我的好友期貨專家李明燁先生、理財專家武美君小姐的寶貴意見，這些前輩都是我平時的良師益友，最後感謝聚財網所有同仁的用心，讓本書得以完成，在此特別致謝。

目錄、

壹、
投資人最容易犯的十個錯誤

第一個錯誤：喜歡逆勢單進場（下跌趨勢作多單，上漲趨勢作空單）

　　馬丁·舒華茲因參加過10次全美期貨投資大賽並獲得9次冠軍而出名（另一次也名列第二），在9次奪得冠軍的比賽中，平均投資回報率都超過200%，其中一次更是創下了回報率780%的佳績。他從4萬美元起家，以當沖為主，後來把資本變成500倍到2000萬美元。舒華茲最深刻的交易經驗發生在1982年11月某天，他賠了60萬美元，當天股市上揚430點，創下當時最大的單日漲幅，而舒華茲卻持續作空S&P500指數期貨。連他這樣的高手都會做逆勢單，何況你我？

　　過去10年筆者遇到的客戶幾乎90%都喜歡作逆勢單，這就是初學者的悲哀，是一定要繳學費的。台指過去曾單月跌1500點，單月上漲1200點，如果你是初學者，筆者估計進場猜錯機率高達70%。其實指數通常有慣性，就是「漲的時候可能會一直漲，跌的時候就會一直破底」，為何會如此？原因是錯誤方向的人會被迫回補，亦即指數下跌、多單因損失會賣出，所以「助跌」，同理空單會助漲，如果你是這類的人，你要修正。

第二個錯誤：部位在趨勢錯誤後還攤平

搶短是散戶最喜歡做的事，還記得2001年7月我剛進期貨市場第一年，擔任全省證券公司教育訓練的工作，我到南投草屯幫當地最大的券商作訓練，那天剛好遇到一位國小女老師，當時指數剛剛跌破5000點，我在講解不可攤平的概念時，她說她由4992點作多一口台指期貨，5000點一路下跌一路攤平，4954點、4903點及4885點都分別攤平一口多單（共計4口多單，平均成本在4933.5點），後來跌到4700點附近才認賠，共賠了18萬元（當時我月薪才3萬，她說她也差不多），我問她為何要一直攤平？她說她之前這樣做都反彈，甚至好幾次都還賺回來，且她不作空，期指她不懂做空單。趨勢錯誤一定不可攤平，這是法則，不然一次虧損你就畢業了。方向錯誤的硬拗我稱作步入地獄的第一步，要上天堂，這一步千萬不能走。

第三個錯誤：極快停利卻很慢停損

　　停損和停利是大家都掛在嘴邊的東西，真正確實執行者可能不到3成。筆者遇過一位醫生（47歲，牙醫師），他當時自設停損點是50點，停利是100點，一個月過去了，筆者發現他損失超過60萬（入金總金額116萬），因為他犯了「天下人都會犯的毛病」。和其當初的設定剛好相反，有某些部位虧損120多點還沒停損，多數獲利的單卻都在30～50點就停利出場，我問他為何不執行當初的方式？他說賠錢的單砍不下去，只好繼續拗，看會不會賺回來，賺錢的單怕變賠錢，有賺一點就趕緊出場，這完全符合人性「賺錢立即跑，賠錢就拗單」，也註定成為輸家。用買賣股票的方式來操作期指，由於期指槓桿倍數很高，加上賺少賠大，一般人只要虧損幾次就會把獲利的部份都吃光了。

　　筆者記得2003年曾有12位國立大學3年級財金系學生，每人湊3萬，合計入金36萬元（當時大台保證金為9萬元/口），由其中一位有1年經驗的李同學操盤，並且以50%金額停損。剛開始因李同學運氣不錯，3口多單進場後，正逢指數大漲，不到6個月帳戶總金額一度高達79萬，但因後來進場口數陸續增加，加上李同學沒有嚴守停損制度，資金開始以每天3～5萬速度減少，最後6口多單部位一次虧損24萬才被強制停損（因資金不足，加上內部同學意見不合吵架，期貨公司將部位強制平倉），並且在資

金剩下19萬後停止操作,虧損約17萬元(剩下原來入金36萬的53%,每人退回1.5萬左右)。這是沒停損的後果,但以筆者多年經驗,停利倒是沒有那麼嚴格,很多人甚至放到結算或任由利潤大漲不停利也是有的,這多半都是贏家。

其它停損方式如下列三種最常用:(停損方式匯總)

❶ 固定點數停損法

分為50點、100點、150點3種(此為停損的點數範圍,依投資人自我設定),這是初學者最常使用的方法(2000～2004年間臺灣期貨公司講師最常教投資人的方式,但筆者發現這些講師多半也是經驗不足的人,只是剛從學校畢業的高學歷人員),亦即投資人進場後只要虧損達50～150點便停損出場,其實這完全沒有邏輯,但這樣的停損仍不乏成功者,仍有它的功效。

❷ 固定金額或固定比例停損法

也就是固定一個金額停損(過去最常聽到客戶的停損金額是每口3萬元,台指期貨保證金介於7.5萬～19.5萬之間),或者是總入金金額的25%,這種方式仍是一般散戶使用居多。

❸ 行情預測止損法

這以台指選擇權居多,我曾經在某次賣出7300點賣權,權利金127點,3個交易日後台指期貨並沒有如預期站上7500點,

我立即平倉，權利金為148點，小虧21點，後來因為快要到該月結算（再過7個交易日），我立即止損，如未達行情預測最好盡速出場！在這筆者操作多年仍是很有效的停損方式。

第四個錯誤：壓滿倉(通常所有資金一次全壓)

過去筆者印象很深刻，有位客戶小陳（當年28歲，8個月期貨操作經驗，是房仲業務），他每次都是壓滿倉，2年時間30萬資金賺了5倍變成150多萬，他深信只有這樣才能以小博大賺大錢，他總認為自己是最準的。2004年元月他看好過完春節行情會大漲（他跟筆者分析了10多個利多因素，說一定漲），農曆過年封關前，他把150萬全部買進近月價平選擇權買權，沒想到春節年後只漲第一天，次日就開始大跌，但他沒有資金了，因為跌太快，後來大賠88%出場（更不幸的是他的父親在年後居然在家附近被車撞身亡），人在倒楣時都不該做期指。我常說做指數期貨應該以1/3～1/2資金分批投入，這有兩個原因，一是假設進場方向錯誤時還不至於全軍覆沒，如果有機會還可以加碼，因為期指反應速度是很迅速的；二是如果沒有壓滿倉，損失會比較小，認賠也比較砍得下去。

第五個錯誤：太相信技術或價量指標

　　2003年有位投資客陳老師（38歲，企管顧問公司講師），他對技術分析很有研究，第一次入金200萬，秉持「KD值低於20就買進1口期指，高於80就賣出1口期指」操作法則，他用5分鐘K線操作，第一個月就獲利高達14.4萬，他很高興，還到處炫耀，結果3個月後結算反而虧損34萬，他不認輸，還跟筆者說怎麼跌倒就怎麼爬起來，結果一年多下來損失200多萬（他後來又入金200萬）。到底為何會如此呢？直到他後來退出市場仍然不懂為何會虧損？其實原因無他，因為大家可能都用相同指標，你看多時（KD＜20）別人也看多，由於期指是對作，怎麼會獲利呢？筆者遇過最常發生的狀況就是指標鈍化，陳老師說曾經發生過指數由9000點跌到8500點，K和D都已經跌破20，他開始買進期指多單，沒想到指數還是繼續下跌（由8500點再跌500點，最後跌到7000點），他停損後伺機再作多，結果還是一樣，因為指數續跌，指標已經無法告訴你低點在哪了。所以任何量價指標都只是贏家的其中一項參考指標，但卻是輸家100％的指標。

📊 陳老師操作台指期貨圖

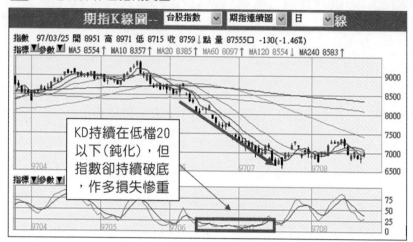

📄 圖表來源：嘉實資訊VIP看盤室

　　我常會看到很多分析師寫隱含波動率（隱含波動率明顯高於歷史波動率，暗示權利金可能遭到高估）、P/C ratio、未平倉量等等數據來判斷盤勢，但以我過去十年經驗來判斷，真正的操贏家對於這些數據只是參考，筆者也多次驗證無法藉由這些資料來真正獲利。

🕹 附註

選擇權的未平倉是以賣方的角度來解讀的，買權的未平倉量代表賣出買權，是看空的力量，賣權的未平倉量代表賣出賣權，是看多的力量，將賣權與買權的未平倉量相除，得到的比值就是所謂的Put/Call OI Ratio，可根據這個比值來研判選擇權市場多空的結構，比值越大，代表選擇權的結構越偏多，比值越小，代表選擇權的結構偏空。

第六個錯誤：用過去統計數據進場下單

很多分析師會說：「由總統大選來看，根據2004年及2008年兩次總統大選的經驗，統計數據金融指數在6個月前至總統大選前1天，分別上漲36%及13%，相較加權指數僅分別上漲21%及下跌8%，金融股表現相對大盤佳，所以應該作多金融期指。」這樣推論對嗎？（2012年總統大選雙英對決你可以試試看。）2011年3月發生日本大地震，於是就有人將之與1995年日本阪神大地震比較，預測3月份走勢，結果兩者差異很大，因為時空背景完全不同，怎可相提並論呢？所以統計圖是有其預測缺陷的。

曾經有位客戶李小姐（31歲，家管）將每月期指結算前三個交易日下單作統計表，由於結算前通常行情較大，她說三年程式跑下來可以獲利174%，遂開始用82萬資金操作，完全以自己設計的程式交易，結果一年後卻賠錢，原因是她用過去的走勢預測未來。每年每月每日指數位置都不同，這樣怎麼會賺錢呢？最讓筆者驚訝的就是台灣人最喜歡以過去統計資料顯示中秋節（或其他節日）變盤，筆者每次被問到都覺得啼笑皆非，中秋節後會漲跌跟統計資料是無關的，應該看當時台指期的狀況而定。

第七個錯誤：以外資動向來判斷多空

　　2011年8月份是外資繼金融海嘯後再次重創台股的一個月，僅僅半個月賣超現貨超過新台幣2000億，也從台指期8600點波段高點放空台指期貨到7100點附近，淨空單最高達到25,000口，在投資人哀鴻遍野之際，外資卻一枝獨秀，保守估計狠賺50億。但跟著外資作單是否可行？我們先來看看外資利用結算價獲利的案例：

■■ 摩台指尾盤5分鐘　外資狂買百億拉升現貨逾50點(2006/5)

　　摩台指結算價以每月倒數第二個交易日的13:30的現貨價格做計算。所以只要對收盤前5分鐘盤勢能夠有大幅影響者，將極容易決定該月結算價。2006/05契約最後交易日外資將摩台指權值股推升超過50點（換算成台指期），最後一盤順利以100億元的成交量畫下完美句點，漲幅達1.1%，使得現貨、期貨同步拉高，光是最末盤的外資價差獲利即達4億元以上，預計外資當月於台灣期貨市場總獲利高達12億元以上。很不幸的，筆者的客戶高老闆在這波放空40口，本來結算是大賺，結果每口少賺1萬，累計少賺40萬以上。由此可知，外資的確有撼動結算價格的能力（至今日仍是如此）。

■■ 外資用0050（台灣50ETF）規避政府稅賦，以台指避險，但多數人以為他大舉放空期貨

以2011/6/24、6/27兩天來看，台灣50ETF加起來只有5萬張的日成交量，但是外資的持股在這兩天卻大增64萬張，總持股來到71萬多張（由7萬增加到71萬），這64萬張怎麼來的？相信很多人都不知道緣由（其實是和寶來證券搭配台灣50ETF運作）。尤其是6/23、6/24兩天增加7500口的淨空單，因為外資的累計淨空單逼近1.84萬口，加上外資借券200億（6/27台灣50ETF增為64萬張），投資人遂以為外資作空指數要大跌了，結果根本沒跌還大漲（由7000點附近一口氣漲到8000點），進場放空的人沒想到最後虧損的是自己！（6/30將台灣50ETF降為40.45萬張，台指期貨空單也由1.84萬口降到1.27萬口）

2011/6/23結算後的台灣50ETF外資持股變化

	外資累計持股張數（台漲50ETF）	外資當日台指期貨口數	外資累計台指期貨口數
2011/6/23	7.87萬張	-11857口	-1935口
2011/6/24	37.73萬張	-18430口	-5573口（2天增7500口空單）
2011/6/27	71.50萬張（2天增64萬張）	-17714口	-284口
2011/6/30	40.45萬張（2天減31.05萬張）	-12779口	1439口（2天減少5631口空單）

資料來源：黃律聖整理

■■ 結論

　　筆者過去曾有客戶陳小姐跟著外資作單，當月淨空單超過5000口～10000口就開始放空（反之淨多單亦同）！她當然還有自己的看盤指標，但長期下來是虧損的，原因無他，當你看到外資空單累積2萬口，但外資的選擇權部位有20萬口～40萬口留倉，因此可能外資是作多。還有外資在SGX（新加坡）摩台指部位長期未平倉口數經常高達18萬～20萬口，而且無從判斷到底是多還是空（只能用正逆價差），和台指期貨2萬口空單或是選擇權相比根本部位大得多，這恐怕才是外資的真實多空部位，所以千萬不要光看外資台指期貨多空單就判定外資的多空方向趨勢，甚至外資常常做錯方向呢！

第八個錯誤：用錯選擇權策略

　　很多分析師喜歡用很複雜的策略來做期指和選擇權，我覺得這都是不正確的！其實以選擇權來說，用最簡單的方式Buy Call or Buy Put就可以賺錢。也有很多人明明只能做買方卻硬要做賣方，這之間有何差別呢？還記得2003年5月台指期貨剛剛站穩4200點，當時由各指標看就是感覺指數要上攻了，當時

筆者客戶蔡小姐（29歲，公家機關辦事員）作多，但卻不是BUY CALL而是SELL PUT（只能賺權利金，是賣方），後來指數漲到4800點，她賺很少，原因是資金不夠，賣出的口數也少，如果當時她選擇作BUY CALL，我算過可以多做4倍的口數，獲利更多5倍以上。當指數出現大漲、大跌、緩漲、緩跌、盤整……時該用什麼策略，這都會影響到你未來的財富，否則即使多空方向正確，策略錯誤也難有大獲利。

第九個錯誤：用基本面判斷多空（期權是用技術分析操作）

很多人用台灣的GDP和出口金額成長率等經濟數據來判斷台股指數高低，筆者就見過不少，印象最深刻的是蔡先生（31歲，國立大學經濟系碩士，擔任經濟研究員），他對於總體經濟學自認有獨到見解，2000年扁政府上臺，適逢經濟呈現大幅滑落的現象（筆者認為這是環境使然，但他認為是政府造成的），於是他放空小台指期貨（1點50元的小型台指期貨），由3400點反彈到3530點放空（在當時一年多時間台股由最高1萬點跌到3400點附近），放空理由就是台灣經濟即將大幅下滑，還洋洋

灑灑舉了很多數據和例子，他認為指數會跌破2800點，並挑戰民國78年出現的2485點低點（當時財政部長的政策導致12682點跌到2485點）。結果指數不但沒跌，當月最高還上漲到4000點以上，筆者記得最後結算在3930點，他的一口單虧損近400點（約2萬元，他月薪才4.5萬），後來換月後他還是繼續放空，理由相同，最後當然損失慘重，虧了半年年薪。其實經濟指標等基本面是落後指標，等我們看到數據時，指數早就反映，因此絕不可以用這種方式判斷，期貨和選擇權是「瞬間交易」，故要用技術分析判斷多空而非基本分析，就算你是對的，短期反彈也會讓我們這種小散戶因停損而受傷，唯有順勢操作，以技術為核心才是王道。

第十個錯誤：幻想以小博大，一日致富

以台指期貨和台指選擇權槓桿倍數來比較，台指選擇權的某些履約價槓桿倍數高達15倍甚至20倍，遠較台指期貨的8～10倍還高。由於台指選擇權幫散戶築夢，常聽到講師告訴投資人，買方「風險有限、獲利無限」、以小博大，讓散戶做了最大的白日夢，希望今天下單10萬元，明天醒來身邊就多一台賓士或是一棟

房子的資金，結果常是「損失100％」。

還記得筆者某次，在台指期貨9800點買進選擇權近月履約價10600點，權利金當時高達34點，我成交5口，憑藉的就是以小博大，這也是深度價外的履約價，最後台指期由萬點崩盤，我損失90%權利金，後來我才認清事實。

筆者身邊95%以上的買方虧損，真正賺大錢的不到1%，且買方損失多數都超過50%以上，當你越以小博大、選擇越遠的履約價，其實你贏的機率就越低。

看到這裡，你應該會發現自己幾乎10個錯誤有超過5個以上，甚至每樣都有，如果依照筆者的說法，應該是要退出市場了，那到底怎樣才會成為贏家？套句周星馳在《功夫》說的話：「絕世高手都是萬中選一」，要在期貨市場成為贏家真的很難，你是否能成為贏家就看自我的修鍊或者是不是方中選一的期權高手了。

■■ 期貨是給合適的人做的商品

各位還記得海嘯最高點的時候嗎？當天早上筆者走訪台灣最大金控公司的銀行營業部（最重要的分行），當時台指期貨（2007/7/26當天最高點9829點）才第一個小時台股加權指數

就超過1200億成交量，令我印象深刻的是銀行理專主管問我是否要出事了？當下我隱約覺得不對勁，當天進場BUY PUT9800點（價格掛最低70點）的部位沒有成交，中午回到公司一看，價格已經變成210點，很多人打電話向我詢問，我心裡安慰自己這只是回檔，萬點應該很快就到了。沒想到短短17個交易日，回檔高達2019點（20.54%），最低跌到7810點，筆者的客戶大約只有10%的證券和基金的人逃過，很多買台股股票和海外基金的客戶虧損500萬甚至1000萬以上。然而我身邊一票作期貨的不但損失不大（甚至有人已大賺），在後來一年多陸續回檔到4000點的過程中更不斷地獲利，他們都是在台灣某大期貨公司VIP室自營（自我資金操作），這波下來財富由證券和基金的客戶、期貨多單的散戶手中分配到他們手上，這些人我預估只占期貨總開戶人數不到1%，甚至0.1%。筆者跟不少這類的人熟識多年，他們平時穿著簡單（短褲及拖鞋），中午以60元排骨飯果腹，卻個個身懷期貨操作絕技，已從期貨市場獲利數千萬元以上者比比皆是（都去買車買房），但從不接受任何客戶資金委託，其休閒娛樂除了到國外打高爾夫球外就是研究操盤技巧。如果各位在期貨公司附近用餐，看到身旁穿著短褲及拖鞋、不修邊幅的不起眼人物，千萬不要感到不舒服，你可能就是遇到台指期貨1%的高手操盤者。你想成為他們其中一員嗎？那就要看你是否具備贏家的特質了，並且看完這20個案例後，再判斷你是否適合作期貨吧！

貳、
台灣期權驚天動地的真實案例

由贏家變輸家系列

萬點崩盤由600萬賺到1億，再由1億虧損5000萬

案例背景

　　2001年筆者有一位客戶，北市長鴻證券李先生（看起來大約50歲，股票VIP客戶，以下稱李大戶），由於他專門在證券市場融券（對股票放空），我們都稱其放空大王（聽說他曾經放空352元/股的上市公司股票華碩，很不幸漲到760元/股，損失超過40萬元，他還是不認賠回補）。他是個異數，因為多數做期指的都是作多，這和台灣人做股票買進有關（還有一說是放空有損陰德），但李大戶就是愛放空，還真是習慣使然。

過去英雄史

指數大波段重挫，由600萬變1億

　　第一次接觸他是筆者在演講，他則是聽眾，主題是討論台指期貨（其實我當時只是菜鳥，真是班門弄斧，後來他成功了到處演講），他說當時台指期貨已經在9000點之上，大家一片看好會突破歷史高點12682點，但李大戶認為9000點以上就是高點，並且堅信指數會跌到5000點，遂開始放空。其實當時他買

股票已經損失慘重（因為他一直都在融券股票），資金由1000萬（新臺幣，以下同）虧損到只剩下100多萬，他當時跟父親借款500萬，將僅剩資金孤注一擲，在指數反彈到10000點之上開始大舉放空（由技術分析來看，他看到指數M頭右半部形成，但一般人只看到2個萬點）。當時筆者只覺得實在很神奇，但他採取波段方式放空（200～300點下跌都放空），他的進場幾乎是抱著視死如歸的心情（之前虧損累累受到家人很多責難，尤其那500萬還是父親部份退休金），待指數逐漸由10000點下跌，儘管期間有多次反彈，他每次都是看空，果然皇天不負苦心人，最後台指期跌到5000點附近，他已經獲利接近20倍，資金超過1億元，他說這就是空頭趨勢市場的威力。他遵守以下四點操作法則（成功法則）：

❶反彈不過前波高點

只要出現就是空方力道強，就可以繼續放空。但如下圖M頭是事後才看的出來，剛開始也不確定到底是反彈還是空頭趨勢。圖一由10438跌到8259點，再反彈到10390點，兩次萬點確認M頭。即使反彈，他還是續抱空單，堅持空頭原則。

❷順勢的倉位不輕易平倉

他說在下跌過程可能會出現許多迷思，反彈時引誘你急於逆勢短線交易，如由空單變成改作多單，但只要所建倉位合於大

勢所趨，而且趨勢對你有利，就不應輕易改變。當時李大戶是200～300點逐步放空單，而且每次台指期貨10口、20口、30口沿路倒金字塔式加碼，其實這種加碼方式只要一反彈風險很高，幸好當時是崩跌趨勢，所以都獲利。

❸空頭市場遇反彈，減碼空單即可

停損要看狀況，當時李大戶是8259點反彈還續留空單，其實如果確認趨勢，可以增加停損點數，例如反彈300點開始減碼空單，但並未轉多單，或是用選擇權避險，但仍以空方為主。

📊圖：M頭操作圖一覽表（誰能預知M頭？即使出現，你會空在高點嗎？）

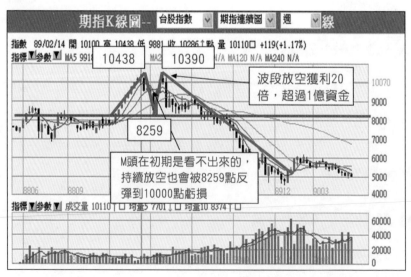

📄圖表來源：嘉實資訊VIP看盤室

❹**在趨勢下跌的走勢中（參考下圖）：**

A. 反彈遇反壓時賣出（或空）（下圖A點）。（第一次10438
點，第二次到附近開始空）

B. 反彈到最近一次下跌底部的30%大幅賣出（或空），以10438
到最低8666點反彈，約9300點附近（下圖B點）（10438－
8666）×30％計算約反彈到9300點。

C. 開始反彈的第3～5個交易日逐步放空（下圖C點）。如果是
空頭趨勢確定，反彈3個交易日已經離高點不遠。

圖：李大戶操作一覽表

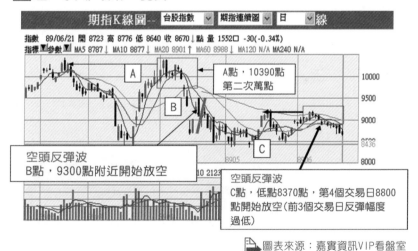

圖表來源：嘉實資訊VIP看盤室

突發地震由期貨賺錢

李大戶曾說在某次盤中台灣發生有感地震，搖到大家都嚇到
（他說若遇地震，指數一定跌，但如新竹科學園區等重要電子廠

沒重大災害就會馬上反彈，通常99%當然是沒事啦！），當大家倉皇失措時，他馬上自己KEY單市價放空10口近月台指期貨（台灣當時還是以人工下單為主，但大戶多有專屬下單電腦），短短1分鐘台指期貨最多下跌40多點，在後續無重大利空公布的情況下他選擇立即回補，平倉約賺30點，獲利近6萬元（30點*200元*10口）。由於當時保證金仍過高且資金不夠，所以賺得比較少，但這已經是臺灣1個商學院初出社會大學生的2倍月薪了，這就是大戶的經驗！

📋 後續故事

不但跌破5000點，甚至4000點也破了，但台指期貨由4000點開始強力反彈（2001年9月跌到台指期貨歷史低點3366點後開始走高），但李大戶堅信會再破3000點，我後續追蹤他仍持續放空，由於他手上資金高達1億以上，結果逢高持續放空，加碼口數高達700口～1000口，他一直認為指數只是空頭反彈，而非多頭走勢的開始，當台股指數站上6000點大關時，李大戶已經虧損超過5000萬以上（他認賠殺出），真是錢怎麼來就怎麼去！雖然事後證明他是對的，在出現最高點6000點後，6個月後又跌到4000點附近，但已經來不及了，正所謂「期貨的方向沒有多空，只有正確與否」，您說對嗎？

建議及檢討

技術線圖是無法猜測的，從M頭左半部來看，會先出現第一個高點然後下跌，接著再來第二個高點，但各位讀者看到M頭都是事後諸葛，你怎麼知道會不會有第三個高點？筆者佩服李大戶當時過人的膽識和技術分析的功力（當時筆者剛入行，對期指懵懵懂懂，作單只敢作小台指和台指選擇權，有放空但都是炒短線，根本沒賺到錢），在這波下跌過程中，多數人選擇逆勢「護盤」（政府基金有用期指多單護盤，但無功而返也損失不少），正所謂趨勢不可違（遙想當年金融大鱷索羅斯（放空）跟英國政府（作多）對作英鎊，獲利10億美金的案例，才知索羅斯真是厲害），所以作期指必須順勢而為，李大戶只管趨勢方向，其它的事幾乎都忽略，所以他會大賺（這是意志力），只可惜他在反彈時用太多資金押注空單，以致慘賠！（因為他幾乎永遠作空，這也是意志力，所以輸贏可能都是相同方式，只是情境不同而已）

📷 圖：反彈持續放空，損失慘重

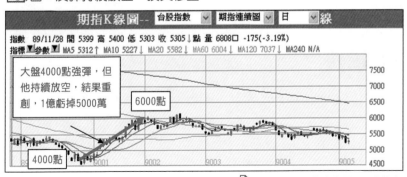

📄 圖表來源：嘉實資訊VIP看盤室

🗔 小故事

　　曾經有一個朋友跟李大戶很像，他是永遠的空頭，1999年進入期貨市場，其過去賺錢的部位幾乎都是空單，經歷2000年科技泡沫、台股由萬點下跌，結果他賺了幾倍（他賠錢的都是作多），卻在股市跌到3400點附近開始進入6年牛市時慘賠出場（仍是作空），但一般有作股票的客戶卻大賺，原因是這些人習慣作多，當然獲利。其實很多人都是在牛市賺錢，卻在熊市賠光，還有位季董事長（中小企業主），其在2007年前都是作多電子股和台電指（電子期貨），獲利數億元，2007年他因為金融海嘯慘賠，但後來逢低加碼還是大力作多台電指（期貨），並強力買進鴻海、宏碁及太陽能等股票（後來全數重挫），結果賠光所有的錢甚至還負債，這樣的電子多頭思維是很難改變的，這就是冥頑不靈的「死多頭」，他把股票逢低承接方式拿到期貨市場，最後落得慘賠收場，所以不管做股票或期貨一定要懂得變通。

贏家語錄

只要投資人還能在市場存活，能夠將倉位的虧損減少，將來必定有下一次的機會獲利。

短短2個交易日虧損6億的老爹

（兩個期貨帳戶分別在兩家期貨公司）——單一期貨公司虧損超過1
億還overloss5000萬元的大戶

案例背景

◻ 霸菱銀行李森的故事

　　要來看這台灣史上最大客戶違約案之前，我們先來看看最知
名案例——霸菱李森。李森是霸菱銀行在新加坡的首席交易員兼
總經理，他是在日本的股票交易所與新加坡國際金融期貨交易所
（SIMEX）買賣日經225指數期貨。李森在1993年為霸菱銀行獲
利超過1000萬美元。

　　1994年年底，日經225指數在19000點左右，李森認為，日
經225指數可能會在19000點左右盤整，因此他賣出執行價格介
於18500～19500點的雙鞍契約（Straddle），只要日經225指數
不大漲或大跌，李森就可以賺錢。

❶ 期指
　　買入Nekkei225股價指數期貨（即建立日經股價指數期貨的
多頭部位）。

❷ 選擇權
A. SELL PUT，履約價18500點～19000點（作多，但是是賣
　方）。

B. SELL CALL，履約價19000點～19500點（作空，但是是賣方）。

1995年1月17日發生神戶大地震，一天之內日經指數大跌1000多點，他不但未，反而加碼買進日經225指數期貨，期待指數反彈。

賣出日經225指數期貨賣權（作多）

當日經指數大跌他已虧損超過2億美元，但是為了撈回損失，他反而加碼買進日經225指數期貨（高達1.6萬口之多）。為了繳交原先不足期貨的保證金，將收到的權利金充當保證金（賣出選擇權可得到買方權利金，但這樣做等於用期貨的槓桿再槓桿，風險再加大數倍），結果日經持續下跌，最後虧損超過14億美元，霸菱銀行宣布因李森事件倒閉。這故事相信大家都有印象，李森出獄後他的故事還拍成電影。

賣出勒式交易策略小檔案

使用時機：預期市場盤整時

最大風險：無限

最大利潤：賣出CALL權利金＋賣出PUT權利金

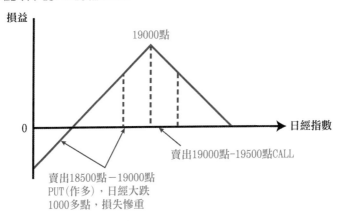

圖：賣出勒式選擇權損益圖（此為同時賣出19000點以上的CALL和19000點以下的PUT的組合單）

損益

19000點

0

日經指數

賣出19000點-19500點CALL

賣出18500點-19000點
PUT（作多），日經大跌
1000多點，損失慘重

李森的故事在台灣再度上演

2011年8月份標準普爾將美國信用評等由最高級AAA降一級至AA+，這是1941年以來美國第一次失去最高等級的信用評等。由於全球股災，標準普爾又突然，調降美國主權債信評等，導致台股指數6個交易日下跌超過1500點，霸菱李森賣出勒式的事件又在台灣上演。老爹曾擔任過台灣前三大證券的CEO（1990年代），他在這次大跌光某家期貨公司就虧損1億還over loss 5000萬（虧光了本金因不足還要再多付的錢），過去他做了台指期貨多單攤平加碼和選擇權賣方等投資工具，據說月獲利最好時達千萬以上（期貨資金約有2～3億元），他也是筆者在股票和期貨方面都很尊敬的前輩。

過去英雄史

◪ 當option賣方太好賺

因老爹過去擔任證券公司CEO，底下光副總就有10多位，據說他有鐵血宰相的稱號，治軍嚴格外更擅長操作股票，多年來獲利不少。但他發現當指數盤整時，股票實在很難賺錢，直到他瞭解選擇權賣方可以靠賺時間價值來獲利，遂在七年前開始布局，以「賣出價平上下三檔」為策略，也就是指數在4300點，就賣出4600點以上買權或賣出4000點以下賣權，剛開始不熟悉，但漸入佳境，算是不錯，過去5年多光選擇權獲利就超過2億，雖然中間有幾次大虧損，但抵消後還賺1億左右。

》》 成功案例

2008年11月指數由底部4000點以下攀升，老爹同業務員說因為景氣和籌碼面都很差，他看過台股前50大股票線型都很弱，這盤站上4000點後很難在短時間內有大行情，雖然由圖可知C點已顯示4000點應該不容易跌破，但到底該買進買權還是賣出賣權？因全球景氣受到兩房影響急凍，台灣的兩大房仲信義房屋和永慶房屋都出現衰退，加上電子公司無薪假，顯示景氣仍低迷，在隱含波動率極高的狀況下選擇賣出賣權（可收到很高的權利金），跌破4000點則立即停損（結果事後驗證他是對的）。至於作期指的幾乎都賠，因為指數空間太小，三個月內有50%時

間單日震盪不到100點；選擇權買方損失更慘重，除了隱含波動率低，時間價值流失嚴重記得，筆者這段時間進去3次做買進買權都虧，事後想起來實在是對盤勢認知不夠。

📊 圖：賣方的魔力，2008年11月起連續盤整4個月，老爹賺了2500萬

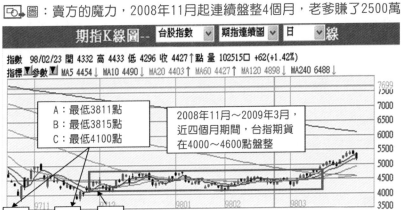

🖨 圖表來源：嘉實資訊VIP看盤室

1. B點不破A點低點，C點更站上4000點。
2. 隱含波動率達波段新高。

》》 期權加油站

2008/8/29，大盤指數7020（高點），隱含波動率29.22%（低點）；2008/10/27，隱含波動率為82.46%（高點），指數卻達到歷史新低4300，問題就在隱含波動率越高，賣方可以收的權利金越高，但風險也最高（同理，7020的高點卻是低的隱含收動率，風險反而低），因此還是要看指數位置進場。如果以台指期

貨來說,接近4000點附近是賣出賣權的好點,因為根據過去10年統計,台指期貨低於4000點以下的機率只有不到5%;而10000點則是賣出買權的好點,因為歷史上出現10000點以上的機率也不到3%!但世事豈能盡如人意,通常不會那麼剛好在這兩個點讓賣方選擇進場,因此就必須設停損點。以本例來看,停損可以設在期指跌破3800~4000點,謹慎者可以跌破4000點就停損,一來是虧損每口約200點不到,二來是前低約在3800點附近。

老爹在區間4000點~4700點來回操作期指,採取高出低進和選擇權賣方策略(沒有跌破4000點開始反彈,沿路賣出4100點~4570點,往上平倉),一直作到4500點、4600點及4700點履約價,有幾次突破4700點作空損失,但多數都是獲利,而到2009年3月共計4個月期間,獲利超過2500萬(2009年3月突破4700點上攻到5000點,後來停損出場),所以他的確是看盤高手,也是賣方策略的高手。

◻ 逢低攤平是過去操作方式

遭遇大行情,如果遇到相反方向,如賣出買權遇到指數大跌,立即用期貨空單避險,通常等到第3個交易日「逢低攤平」,也就是台股要連續3個交易日都大跌或大漲,但這樣的機會很低。由於他運氣真的很好,過去攤平幾乎每次都被他拗回來,2004年總統大選後也是3個交易日跌停就打開,打開後老爹還作多台指期和金融期,一週後就把損失賺70%回來。這讓老爹

認為只要有足夠資金，做錯一定可以用攤平賺回來。

》》 審判日

2011年7月台指選擇權換月後（201108契約），老爹仍是看多，並在賣出8600點附近分批下台指期貨多單，但主力還是放在選擇權賣方，沒想到指數下跌，他布局價平並沿路在下跌過程中「逢低承接」，但此次連續6個交易日重挫1500點，為過去10年來首見，導致老爹在該期貨公司虧損超過1億元，還overloss5000萬元（他在兩家期貨公司下單，2個交易日總金額虧損約6億元）。

表一、選擇權下單布局方式

契約	SELL PUT	SELL CALL
201108（近月）	7800點～8400點 所有履約價	8900點～9700點 所有履約價
201109（遠月） 還有其它遠月份也有布局	8300點～7800點 所有履約價	8900點～9700點 所有履約價

✿ 備註

1. 他同時SELL CALL和SELL PUT價外2-3檔，例如價平8600點（含），則賣出8900點以上的CALL和8400點以下的PUT，只要近月結算介於8400點～8900點之間，賣方可以賺到所有的買方權利金。（是否覺得像李森在日經225策略，賣出18500～19500的方式呢？）

2. 他同時也賣出遠月的契約，如201109契約及其它遠月份（201110等）。這樣風險更高，卻相對賺到更多的權利金。

》》 先勝後敗

表二、老爹做選擇權賣方7個月，100%獲利5次，另2次也是大賺權利金（對照下圖）。

契約	價平賣出選擇權	當月結算價	結算是否價平上下三檔
2011年1月	**價平在8800**，同時賣出9100點(含)以上CALL及賣出8600點(含)以下PUT。	9083	結算介於8600點～9100點（買方權利金全收），100%賣方獲利。
2011年2月	**價平9000點**，同時賣9200點(含)以上CALL及賣8700點(含)以下PUT。	8719點	結算介於8700點～9200點（買方權利金全收），100%賣方獲利。
2011年3月	**價平8600點**，同時賣出8900點(含)以上CALL及賣8400點(含)以下PUT。	8305點	除SELL 8400 PUT被履約95點，其餘98%權利金都獲利。
2011年4月	**價平8300點**，同時賣出8600點(含)以上CALL及賣8100點(含)以下PUT。	8792點	除SELL 8600 CALL和SELL 8700 CALL被履約，其餘賣方都獲利。
2011年5月	**價平9000點**，同時賣9300點(含)以上CALL及賣8800點(含)以下PUT。	8934點	結算介於8800點～9300點（買方權利金全收），100%賣方獲利。
2011年6月	**價平8800點**，同時賣出9100點(含)以上CALL及賣8600點(含)以下PUT。	8839點	結算介於8600點～9100點（買方權利金全收），100%賣方獲利。
2011年7月	**價平8600點**，同時賣出8900點(含)以上CALL及賣8400點(含)以下PUT。	8697點	結算介於8400點～8900點（買方權利金全收），100%賣方獲利。
2011年8月	價平8600點，建構賣出8900點以上的CALL及賣出8400點以下的PUT。	7754點	因指數崩盤，SELL PUT部份大賠。8/5收7765點（SELL PUT的部份損失8000萬），<u>但他不停損，竟然再加碼！</u> 8/8（次一交易日）最低7260點，期貨公司強制砍倉，<u>除201108（近月）契約大幅損失外，201109（遠月）更有多個履約價put漲停，他無法停損。單一期貨公司損失超過1.5億，總計損失6億。</u>

備註

老爹賭的是次月在第一日交易時跟當月結算在價平上下2～3檔，以2011年1月份為例，2010年12月份當指數在8800點，老爹建立了賣出9100點以上「所有履約價的CALL」，同時賣出履約價8600PUT，當月結算9083點，因沒有買方來履約，可以獲得所有賣出的權利金（據說最好時光該單一期貨商老爹單月獲利高達500萬以上，兩家期貨商就高達1000萬以上）。**而過去7個月有5個月100%獲利，僅2個月小金額被履約**，這也讓老爹以為當賣方實在太好賺了，而失去風險控制。

圖：2011年1月到2011年7月幾乎都是盤整，賣方幾乎都是大賺

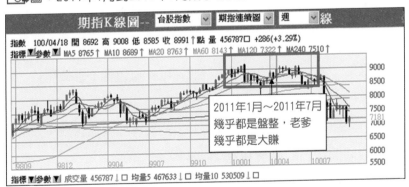

圖表來源：嘉實資訊VIP看盤室

圖：2011年8月做賣出賣權遇到重大下跌行情。

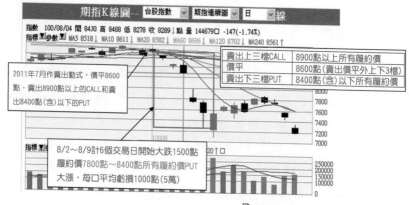

賣出上三檔CALL	8900點以上所有履約價
價平	8600點(賣出價平外上下3檔)
賣出下三檔PUT	8400點(含)以下所有履約價

2011年7月作賣出勤式，價平8600點，賣出8900點以上的CALL和賣出8400點(含)以下的PUT

8/2～8/9計6個交易日開始大跌1500點履約價7800點～8400點所有履約價PUT大漲，每口平均虧損1000點(5萬)

圖表來源：嘉實資訊VIP看盤室

》》 四大致命傷

1. 賣出勒式——SELL CALL價外3檔＋SELL PUT價外3檔以上履約價：

   這樣的布局只要盤勢結算介於該區域，賣方就不會被履約，也就是說老爹的部位只要在8400～8900點間結算就不會有事，但該月大跌，加上他部位實在太大，終於導致大幅虧損。

2. 賺取時間價值的高權利金：

   （1）在換月第一交易日開始作賣出跨式，在時間價值最高的時候作賣方可以收到最高的權利金（2011.7.20為七月份契約結算日，次交易日就開始賣出部位），例如201108（近月）價外300點的履約價8900call可以賣出50點。

   （2）做遠月契約履約價（遠月權利金因到期時間久，可以比較201108和201109月份，履約價8900 CALL的權利金分別

為50點和111點,各履約價來看,遠月都高很多),他甚至部份還做201110的更遠月契約。

3. 部位過大──加碼部位隨著價平變化移動:

　舉例來說,當指數由8600點跌到8300點,老爹會加碼8300點為價平的新掛牌履約價,以PUT為例,賣出價外三檔8000點、7900點、7800點及以下的履約價的PUT(而CALL也會再賣出履約價8600點、8700點及8800點一次),以下再加碼一次,因行情隨時在動,可知口數將無限放大。

表三、2011.7.21結算後第一個交易日到大跌1500點(2011.8.8)權利金變化。(PUT的權利金大漲,BUY PUT的人將來履約)

CALL權利金		履約價	PUT權利金	
201108 (近月)	201109 (遠月)		2011.7.21價格	2011.8.8最高點
920		7800	5.3	650
820		7900	7.7	780
630		8000	11	820
570		8100	17	935
476		8200	26.5	1010
391	436	8300	40.5	1090
314	367	8400	59	1180
239	291	8500	87	1280
175	244	8600(價平)	123	1380
120	189	8700	169	1480
80	148	8800	229	1540
50	111	8900	298	1680
29	80	9000	379	1740
16	56	9100	462	1490
7.7	40	9200	560	1530
4		9300	600	1630
2		9400	690	1730
1.3		9500	880	1940
0.9		9600	975	2040
0.6		9700	1060	2140

資料來源:台灣期貨交易所

4. 選擇權組合單＋SPAN系統並用，所需資金大幅降低，槓桿大幅提高：

因為根據規定，組合單選擇反賣方保證金已經可以減半（例如同時賣出8300PUT和8900CALL，如果原先共要保證金4萬元，組合單僅需2萬元），但他還用SPAN系統（可到維基百科查詢），這是一種系統風險衡量（保證金又可以再減半，2萬元再減半為1萬元，賣出賣權所付的資金等於和買進賣權一樣低），亦即他用了這兩項工具後，可以做別人4倍的賣方。你一定會說老爹怎麼那麼笨，槓桿那麼大，但我告訴你，他已經這樣連續賺了超過半年，過去七年操作績效也很不錯，每個月獲利絕對都比一般人「年薪」高好幾倍，換作是你，你會停止嗎？

✿ 備註

以上賣權部份（表右列）因大盤持續重挫，以價平8600點履約價當時賣出123點漲到1380點（虧損1380－123＝1257點，每口損失1257×50＝62850元）大略估計，所有履約價每口虧損都在1000點以上（50000元以上），兩天損失數億並不意外。

📷 表四、201109（遠月）契約各履約價PUT權利金在8/5及8/8大盤持續重挫的變化。（此為遠月的PUT，前圖為近月的PUT）

履約價	PUT權利金		
	2011/7/21買價 （台指期在8650點）	2011/8/5買價 （台指期在7700點， 跌950點）	2011/8/8買價 （台指期最低在7260點， 最多跌1400點）
8000	38點	（收盤450點） 每口虧412點	（最高995點） 每口虧957點
8100	55點	（收盤520點） 每口虧412點	（最高1060點） 每口虧1005點
8200	80點	（收盤590點） 每口虧510點	（最高1130點） 每口虧1050點
8300	113點	（收盤655點） 每口虧542點	（最高1210點） 每口虧1097點
8400	144點	（收盤740點） 每口虧596點	（最高1280點） 每口虧1136點
8500	179點	（收盤815點） 每口虧636點	（最高1360點） 每口虧1181點

📛 備註

以上表舉例201109遠月契約來說，7/21賣出賣權，履約價8000點，權利金可以「收」38點，當時台指期貨在8650點。8/5台指期貨跌到7700點，波段下跌950點，PUT權利金大漲到收盤450點，要「還」450點，每口虧損412點（450－38＝412點，計20600元），但老爹沒平倉而是拗單，次日（8/8）台指期貨再大跌到最低7260點，波段下跌1400點，被強制平倉，put權利金漲到995點，每口虧損957點（995－38＝957點，計47850元），且由於遠月份契約「流動性不足」，老爹在發生重挫時無法完全平倉（因為PUT漲停，類似放空股票卻漲停，無量無法回補）。

》》 檢討：程式交易當道，時不我與

　　2011/8/2～2011/8/9短短6個交易日大跌1500點，除了美股因美債事件狂跌，其實主因還是程式交易，據說當時7616點的現貨跌破造成程式交易大量賣單湧出，隨後大跌300點。現在賣方受到大波動影響，獲利越來越難。當時指數重挫，損失慘重，由於過去老爹是該期貨公司口數最大的客戶，盤中交易室主管當時有跟老爹溝通，但他沒資金（要補到100%），結果7200附近被強制平倉（幾乎平在最低點，最低在7091點），除了虧損超過1億以外，還overloss超過5000萬。因為我過去聽過老爹的操作法是快、準、狠，即使不做賣方（選擇權）月入上千萬是常有的事，筆者事後分析台指期貨6個交易日連續崩跌1500點的機會實在太低，過去就算崩盤也從來沒有這樣短的交易日跌過這麼大幅度，就算崩跌也會先反彈，所以筆者能理解該老爹選擇用最後一筆錢於次日攤平買進多單的策略（後來2個交易日又最低跌700點到7091點拉起，但他已被強制平倉）。各位看官可能覺得自己絕不會如此，但請想想，如果你已經虧了3億（兩家期貨公司），你要認賠還是拗拗看？如果反彈機會很大（2004年陳水扁當選總統也不過3個交易日跌900點就拉起來），我鐵定會選後者，只可惜這次是受到美國和歐債影響跌下去的，所以台股自身無法控制，連護盤也沒用！筆者也希望以後不要再發生這樣的事了。

1. 選擇權下單問題

   (1) 遠月契約流動性問題

   遠月（201109）及其它更遠月台指選擇權契約缺乏流動性，老爹為賺遠月時間價值的高權利金，大量賣出遠月，但PUT大量漲停無法平倉停損，導致損失嚴重。

   (2) 近月契約部位過大

   組合單與Span並用，槓桿擴大4倍下單，賣出選擇權部份單比做買方權利金還低。近月（201108）契約選擇權賣方口數過大（他採取賣出勒式），而且過去老爹也沒有避險機制，賣出PUT的選擇權賣方損失慘重（賣出CALL所賺到的權利金僅數百萬，PUT卻要賠數億），導致2個交易日虧損超過6億。

   (3) 缺乏停損

   他沒有停損機制，例如大跌立即「放空期指」，但此方式如果遇到期指跌停也無法放空，且資金也已經用完，以致所有部位全數虧損於一旦（由於每個月獲利在500萬以上，甚至高達1000萬，就因為賺不少而越作越大，風險沒有控制才虧損）。

2. 其它因素

   (1) 過去賺錢方式未必能沿用至今

台指期貨市場瞬息萬變,過去獲利的方程式無法持續沿用,這也是為何程式交易常常被淘汰的原因。

(2) 太過自信,誤判情勢又沒人提醒

退休後老爹只有低調在家操作,因為過去幾年操作都很順遂,所以自信滿滿,當月因為認為盤勢會在8600點上下盤整,所以重押賣方多單,再加上身邊沒有那麼多部屬提醒他,否則他應該會早早停損。

贏家語錄

能夠做對趨勢而且能延續的人不多見,可是投資人要真正能守成,才能長久獲利。

在5年由100萬到獲利6000萬，又在一年內賠光

案例背景

　　過去筆者有位客戶姓鍾，我叫他鍾大哥（台北人，46歲）。他的志向是讓期貨市場成為他的提款機（當時我覺得很可笑，但不好意思潑他冷水），當時他辭去月薪6萬多的瑞富羅盛豐公司（後併入寶來期貨）業務經理工作，全心投入期貨市場，初期他跟那90%輸家一樣，嚴重的時候曾經破產2次，成為親朋好友眼中避之唯恐不及的人，因為怕他來借錢。不過他是打死不退的個性，大約花了5年光景，沒想到他竟用跟姊姊借貸的100萬資金賺到了6000萬，那時他相當意氣風發，還到處演講分享他成功實例。

　　1年後筆者又遇到他，問起近況，竟然回到原來的公司擔任副理（還降級），而且在短短一年多的期間，不但賠光6000萬，還把另一間房子賠光（他有2間父親留下來的房子，市價大概1000萬）。我心中真是感慨萬千，本來他可以下半輩子生活無虞，現在卻必須一切從頭來。鍾大哥跟筆者說他的座右銘是「從哪跌倒就從哪爬起來」，他要再用100萬賺回6000萬，以下整理鍾大哥的口述，將他的案例在此跟大家分享。

過去英雄史（本人親身說法）

▉ 從100萬變成6000萬的操盤法

◻ 波段操作和短線操作並用

一般人操作期貨，喜歡極短線操作，但我覺得兩者各有優缺點，所以我將資金7成做波段、3成做短線操作，這比例可以調整，要看當時盤勢狀況而定。日線趨勢很明確上漲或下跌，就要增加「波段操作」的比重，如果盤整機會高，要增加「短線交易」比重，如果盤整確立，甚至不進場以觀望應對。

1. 波段操作

   將操作時間拉長到5個、10個交易日，期貨指數目標設在200～300點甚至500點以上，同時設定停損點（每口虧損25%保證金出場），除非出現反轉訊號否則不輕易出場。

2. 短線交易

   利用程式交易跟自創的技術分析來設定，由於資金部位大，以當沖不留倉為原則。將操作時間拉長到1個交易日內，期貨指數目標設在50～80點（大約指數1%內），設定停損點（因資金較大，所以每口虧損5%～10%原始保證金就要出場），用這兩種方法造就我得到6000萬的獲利，當然其中一部分也是因為我運氣很好。

■ 自修找到投資心法──10 日均線法則

以前我對期貨十分陌生，是友人介紹兩本書給我後，才開始瞭解期貨。兩本書分別是張松允的《從20萬到10億元──張松允的獨門投資術》以及《期貨市場之技術分析》，這兩本書對我揭示了一個新世界：就算是散戶，也可以這麼賺錢！同時，也因為張松允書中的一個觀念：『投資到最後還是得自己去找出方法』，讓我下定決心『找出自己的方法』，每天自己繼續看書、研究，到深夜11、12點才休息，就這樣找出自己的「鍾式操盤法」。

在跟鍾大哥交談中，我發現他真的對期指瞭解甚深，而且理論跟實務運用已達極高境界，一年多期間從不懂期指變成高手。雖然並非正式統計，但各位股友不妨回顧一下自己多年來的買賣史，如果有某次你剛買股票就被套住，90%是在10日均線下買入的，鍾大哥就靠10日均線「輕鬆」賺大錢。

📷 ▶圖一、10日均線買入法則

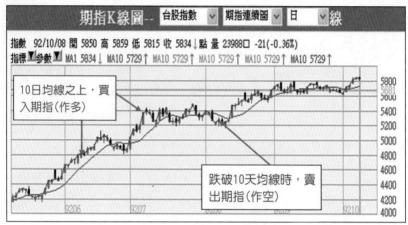

期指K線圖-- 台股指數 ▾ 期指連續圖 ▾ 日 ▾ 線

指數 92/10/08 開 5850 高 5859 低 5815 收 5834↓點 量 23988口 -21(-0.36%)
指標▼參數▼ MA1 5834↓ MA10 5729↑ MA10 5729↑ MA10 5729↑ MA10 5729↑ MA10 5729↑

10日均線之上，買入期指（作多）

跌破10天均線時，賣出期指（作空）

📄 圖表來源：嘉實資訊VIP看盤室

》》 根據

法則一、台指期10日均線之上，買入期指（作多），在跌破10天均線時，賣出期指（作空）。

法則二、有較大的上揚或下跌空間，至少有10%的獲利空間才行。以期貨來說保證金10萬至少要賺1萬，大台指至少要賺50點（每點200元）。

　　要注意除了憑過去的經驗，有時甚至還要靠運氣。一旦買入，如果你方向對了，期指繼續上升，你就等到最後跌破10日均線才獲利了結，否則就一直持有。過去我曾經掌握住一個波段上漲500點，就這樣一口單賺了100%，但萬一方向錯了，期指跌破10日均線，你也必須認賠。

如果按10日均線法，等到期指漲到10日均線上才買，可能會有落後現象（買太晚）；在跌破10日均線後才賣，則空太晚（無法從最高點盈利）。就吃魚理論來看，10天均線法正是一個客觀判斷「魚身」的方法。當股價從底部上來穿越10日均線時，假定魚頭已現，所以可以買入。股價在10日均線上繼續上升，魚身不斷地展現，未能看見魚身的全部（未跌破10日均線），就是續抱。到股價跌破10日均線，表示要賣出了，看起來很簡單，但真正執行卻不易。

》》 最成功案例

有一種常出現的不正確做法是：當手中的期指漲了一段後，就覺得獲利差不多了，把多單部位平倉，結果賺10%，後面漲30%、50%甚至100%以上。如何克服這缺陷呢？就是等到頭部或高點出現再平倉，但你可能會說這根本是廢話，但我過去就有一次最成功的大波段。

表一、波段操作10日均線法則（魚頭、魚身、魚尾理論）

	進場原因	進場點/出場點	備註
魚頭 （進場）	第一根紅K收盤6487點，正式突破10日均線（6423點）	第二根紅K我在6560點買入多單 （圖一，B點）	第一筆10～15口多單，開始往上作加碼
魚身 （加碼）	續抱	（圖一）B到C點（6400點到7400點）	期間一直沒有跌破10日均線所以續抱，延均線向上加碼口數已達102口（因向上加碼平均成本墊高到6868點）
魚尾 （出場）	第一根黑K正式跌破10日均線7332點	（圖一）C點第二交易日多單102口均價7257平倉	平均獲利＝（7257－6868）×200元×102口＝793.56萬元

◎ 備註

以上不含期交稅和手續費，因加碼由低到高價位，平均進場成本在6868點。

圖一、魚頭、魚身、魚尾操作圖

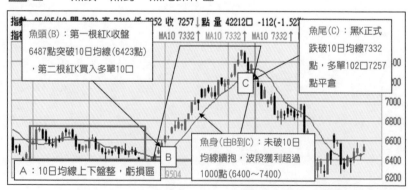

作波段的10日均線

在這段期間最值得注意的是多頭漲升過程中的正常回檔，也就是當跌回10日均線時，多數投資人會因為害怕，以獲利漲多回檔的方式出場。

例如當時我隔壁一個VIP的蘇小姐（37歲，有錢貴婦），她跟我一樣看多，下了40幾口大台指多單，價格也大約在6600附近，由於起漲點大約在6400點附近（見圖一），其實多數人不太可能這時就進場，我也到6500點以上才先試單後進場，算是波段起漲點。因為她操作股票高達4億多（據說她是台灣某知名上市公司大老闆的小老婆），當時又因集團出了事，忙著出股票，她就在6800點附近把期指幾乎都平倉獲利（我沿路加碼，成本墊高到6868點，沒破10日線我就繼續加，後來我賺最多）。當時我問她原因，她說期貨盤中變動很大，不該久留，有賺就好。進場後因為期指一日數變，蘇小姐出在獲利大約每口200點位置（6800點），但她出場後幾個交易日，我聽到很多一起操作的朋友也都在那時出場，原因就是看壞市場啦、有賺就好等等，只有我有堅定信心，其實就是靠10日均線的概念，

我的邏輯很簡單，站上10日均線不跌破，我就續抱，還沿路加碼，只要趨勢向上，我就是順勢交易，我先前的多單部位就會持續獲利。

🔳 10日均線遇到盤整盤

當遇到盤整盤（圖一的A區），10日均線操作法也是賠錢，當時該波段賠了至少100萬元，因為站上10日均線就作多，結果隔日又跌破10日均線，又要平倉然後作空，等於是你作多就跌，作空就漲。先前我還操作鴻海（2317），我採取的是跌到10日均線附近就作多，結果操作的獲利很好，每次到10日均線幾乎都有支撐，這方式跟期指剛好相反，期指是跌破10日均線準備作空，但當時我操作不同商品（股票和期貨）是真的用不同方式，如畫出各種的上軌，下軌，支撐線，阻力線，且傾向於在股價壓回到支撐線時買入，上升到阻力線時賣出，其實股票就是逆勢操作。

▦ 審判日

🔳 將7000萬（含賣掉房子的1000萬）賠光的因素

》》 過度自信錯估形勢

由100萬賺了60倍的資金後，自覺在期貨市場已經是個高手，每天都有很多『學徒』前來請益，期貨技術線上看起來已經研究到出神入化，指數行情好像是跟著我畫的技術線在走，但之後遇到10日均線失靈（10日均線在盤整時是一場大災難），結

果預測錯誤次數越來越多，自大造成虧損。到了損失超過3000萬時身體狀況甚至已經出現問題，由於我長期早上操作台指，晚上操作美盤期貨，日夜顛倒加上虧損心情不佳，左手開始有不自覺發抖現象，終於導致潰敗。

》》 資金部位過大

在資金部位100萬的時候下單很保守，當時台指期貨原始保證金12萬／口的狀況下我幾乎都保留50萬，只下單4、5口（持倉滿倉大約可以下8口），當資金大到1000～3000萬時候其實已經開始適應不良，因為口數調度變得十分複雜，因為只要方向小有錯誤，即使停損也還是常虧損200～300萬。資金累積到5000萬以上（持倉滿倉大約可以下500口），以槓桿倍數10倍價計算大約是5億元的股票，在台灣算是一檔小型基金，一年多期間因為下單分配口數及位置的問題，估計至少因此損失500萬～1000萬，結果10日均線又上下3個月洗盤，因口數過大不停損很容易造成巨額損失，停損又一直受傷，資金過大是造成我操盤不順的重大致命傷。事後我想想應該只進1000萬元就好，其餘可以投入基金或不動產，讓口數操作靈活。

》》 別操作自己不熟悉的商品

先前因業務員告知其他期貨商品有賺頭，我拿了1000萬進場操作咖啡和黃金等期貨商品，由於習慣操作指數期貨，我以為

商品期貨也一樣簡單，結果下單後都是賣在低點買在高點。記得那年除夕夜前幾天放空咖啡期貨250口結果竟然盤中漲停板（因巴西咖啡歉收消息發佈），因成交量小又面臨平不掉部位的流動性風險，最後2天內慘賠數百萬，讓我過了一個最難忘的除夕。黃金期貨也被修理很慘，最主要是不懂供需法則跟季節等因素，後來發誓再也不玩不懂的商品。

》》倒金字塔加碼

我能由100萬賺到6000萬，倒金字塔加碼方式功不可沒，這種方法就是確認趨勢後就加碼，越加碼越多口，最成功的一次是在單日開高235點後，每隔20～30點加碼到248口，結果當日收在上漲426點，短短一天內後平倉獲利高達498萬（扣除期交稅和手續費），那真是一次美好經驗。某次準備下多單目標在6500點到6600點區間進場，預估會漲到6800～7000點，100點間距內點數集中到了接近較高點才大量下單，10日均線也是強勢上攻沒有跌破，兩日內指數緩漲，當時加碼到6622點最高點已經持倉到135口，盤中卻突然有不利的兩岸政治議題出現，指數立刻指數瞬間大跌150點，後來急殺盤中更跌破6300點，我立刻停損出場，損失245萬。後來又拉上去到6517點，但我已經認賠，損失超過500多萬，所以這種加碼讓我在資金部位越大的時候盈虧過大，因口數處理不佳而導致巨大虧損。倒金字塔並非好的操作方式，只能一時不能長遠。

建議及檢討

技術指標的迷失

其實10日均線這種方法實在太簡單，先不說每一根各個高、低點連起來的支撐線、阻力線的可靠性有多大，即便其有技術意義，事實上，在趨勢向上時，任何一個技術壓力點最終都會被突破；向下時，任何一個技術支持位最終都會被跌穿。台指期貨說穿了就是「上檔無壓力，下檔無支撐」。

RSI、KD、MACD這三個指針是大家最常用的，由於期貨是零和遊戲（股票是一起漲跌），通常在指針產生黃金交叉或死亡交叉再進場作多，指數都已經反映50%以上（顯示進場成本太高了，期貨決勝往往在1%內），既然如此，你如何贏過別人？所以應該在指標趨勢出現「可能」交叉前就要猜測可能方向進場，但也可能猜測錯誤，所以在有效率的市場一定要比人家快一步佈局。還有指針如果發生方向不同，3個取2個同向的來預測，如RSI和KD有落底跡象，而KD還在向下，就可以開始進場作多，筆者某個客戶就靠這種方式輸少贏多，賺了數千萬，這才是正確方式。

》》案例檢討

記得2009年筆者在深圳財富管理廣場應中國大陸知名機構傅吾豪董事長之邀，和中國股市大戶孫先生（操作股市資金超過人民幣10億元）一對一講解台指期貨操作，當時孫先生在10年內由人民幣100萬資金賺到人民幣10億，他的操作手法是用18日線，只要站上就作多，跌破就賣出。他跟筆者說買中國工商銀行股票2000萬股（當時每股大約5元人民幣），等於一次投資人民幣1億元以上，不愧是大戶，進出金額令筆者大開眼界！

他光用18日均線方式買股票（站上就買進，跌破就賣出），獲利就高達數億人民幣，但他操作港指期貨就很妙了，他在19000多點作多單20口，竟然跌到16000點還沒停損（每口虧損3000點以上），筆者看到他的操作方式非常震撼，因為他口袋太深了，所以不停損他也不怕，他跟筆者說賠個幾千萬人民幣也無所謂。後來過了幾天指數真的又彈回19000點，他最後竟全身而退沒有虧損，如果一般人早虧光了！所以到底怎樣的技術分析是正確的，我想也難說的很，技術分析只能參考，最終還是操作者的智慧吧！

贏家語錄

期貨操作方式務求輕鬆容易，容易到不必用大腦就可以獲勝。

單日追繳1200萬的大戶（賣出賣權看多）

案例背景

2004年3月15日，前東X士陳董事長再度在美國召開記者會，稱他一共給民進黨2030萬元政治獻金，還公佈了之前一直被廣泛揣測的那位隨陳由豪到時任總統陳水扁家的「大老」就是民進黨立法委員沈X雄，由於這樣的利空導致當日台股大跌，由6807點跌到6563點，下跌244點。

我們期貨公司某位大營業員慌張的跑來找我的徒弟陳襄理（期貨研究員），嚷嚷著「襄理、襄理！出事了！」，陳襄理後來跑來找我給我看對帳單，我一看，追繳1255萬的選擇權賣方單，我嚇呆了，第一次看到選擇權賣方追繳金額如此之大，我才知道自己每天下的那些幾十口單輸贏根本不夠這些大戶手續費（後來看過大10倍的就不足為奇了）。這位客戶是個知名人士，他是前台灣國營金控董事長，老婆也是知名人士，擔任過政府高官，據說他有三個戶頭，粗估當日虧損應該也有3000萬以上，這是我當時遇過最大的一筆選擇權賣方追繳案例。

📈圖：陳董操作指數選擇權在高點賣出賣權

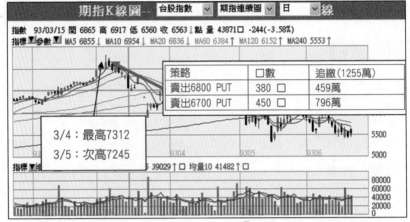

📄圖表來源：嘉實資訊VIP看盤室

■■ 審判日

操作策略	口數	盈虧金額
Sell 6800 PUT	380口	追繳459萬
Sell 6900 PUT	450口	追繳796萬
		合計1255萬

◎ 備註

以上損益不含期交稅及手續費。

　　看起來不起眼的賣出6800點及6700點的賣權，合計830口，卻才下跌244點就被追繳1255萬，這樣的損失足足是一個百萬年薪上班族10年的薪水，真的很震撼，但他已這樣作「賣方」賺很多年了。

📈 長期做台指選擇權

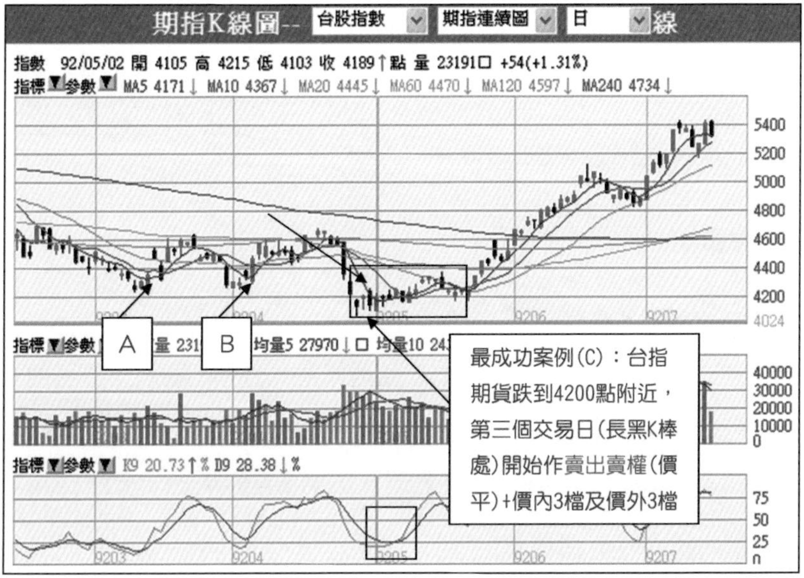

期指K線圖-- 台股指數 期指連續圖 日 線

指數 92/05/02 開 4105 高 4215 低 4103 收 4189↑點 量 23191口 +54(+1.31%)

指標▼參數▼ MA5 4171↓ MA10 4367↓ MA20 4445↓ MA60 4470↓ MA120 4597↓ MA240 4734↓

最成功案例(C)：台指
期貨跌到4200點附近，
第三個交易日(長黑K棒
處)開始作賣出賣權(價
平)+價內3檔及價外3檔

圖表來源：嘉實資訊VIP看盤室

過去英雄史（本人親身說法）

🔲 最成功案例

我習慣作多單，看好跌深後盤整，因為我不相信會有V型反彈，所以只要大跌後或大漲後，我喜歡做選擇權賣方低檔大舉賣出賣權。如圖一，A和B我都做賣出賣權，前兩次賣出賣權都頗成功，但A和B後半月指數回跌又壓縮當月獲利（我是賣方，當指數上漲，PUT都會一直跌，我就獲利增加，回跌PUT會漲，我獲利就減少），到C時我是賺最多的，因為2003年5月契約我4200點

進場，指數盤整時間很長，讓我幾乎沒有風險變高的感覺，最後結算又是在4197點，時間價值和波動率都賺到了，所以價內的部分獲利也超過100萬（見表一）。合計7個履約價獲利超過300萬，是我單月賺最多的一次。

》》操作策略

1. 由價外履約價轉成價平及價內

    過去只賣價外履約價，後來賣到價內，這轉變是因為價內權力金高，反而賺更多。當我認為多頭走勢出現，就立即用程式賣出賣權價外3檔、價平及價內3檔共7檔，放到結算獲利履約價如下（詳見表一）：

    （1）價外：3900點（獲利54萬）、4000點（獲利39萬）、4100點（獲利52.5萬）。

    （2）價平：4200點（獲利58.8萬）。

    （3）價內：4300點（獲利39.6萬）、4400點（獲利36.3萬）、4500點（獲利24.9萬）。

2. 投入資金加大、口數增大

    投入資金由60%增到90%，獲利目標由資金50%變成100%以上，口數以價外（如履約價3900點240口）賣出最多，價內較少（如履約價4300點～4500點）僅60口，因為價內被履約機率較高。

3. 選擇權賣方也可以作波段單

   進場後不隨便更改方向，如本例為市場跌深後的底部打底
   「盤整」，所以建立賣出賣權部位，空頭市場賣出買權配合
   少量買進賣權，多頭市場則反之操作。

4. 技術分析搭配高隱含波動率進場

   佈局以KD和MACD為主要技術指標判斷。PUT隱含波動率平均
   來看通常比CALL高（因台指易跌難漲），做賣出賣權（作
   多）賺取高權利金，隱含波動率越高其實風險越高，但我認
   為波動率底部3個交易日後會降低，所以進場作賣方而非買
   方，因為我不認為我運氣好到能抓住V型反轉，只有知道大
   漲或大跌會發生的人才能當買方。

5. 對台股偏多

   我習慣偏多，這和我買股票有很大關係，所以我往往做買進
   CALL或是賣出PUT。我過去很少作空，結果都是賠在空頭，
   賺在多頭市場，還好過去幾次虧損都很快出場，停損的確是
   很重要的。

📷 表一、由2003年4月30日指數（200305契約）4200點上下建立賣出
PUT部位

履約價	Put權利金 （賣出均價）	賣出口數	損益
3900 （價外）	45	240口	買方無法履約，獲利45點／口 （獲利＝45點×50元×240口＝54萬元）
4000 （價外）	65	120口	買方無法履約，獲利65點／口 （獲利＝65點×50元×120口＝39萬元）
4100 （價外）	105	100口	買進賣權無法履約，獲利105點／口 （獲利＝105點×50元×100口＝52.5萬元）
4200 （價平）	150	80口	被買方履約履約3點（4200－4197） 獲利150－3＝147點／口 （獲利＝147點×50元×80口＝58.8萬元）
4300 （價內）	235	60口	被買方履約103點（4300－4197） 獲利235－103＝132點／口 （獲利＝132點×50元×60口＝39.6萬元）
4400 （價內）	324	60口	被買方履約203點（4400－4197＝203點） 獲利324－203＝77點／口 （獲利＝121點×50元×60口＝36.3萬元）
4500 （價內）	390	60口	履約303點（4500－4197＝303點） 獲利390－303＝83點／口 （獲利＝83點×50元×60口＝24.9萬元）

✪ 備註

1. 以上不含期交稅和手續費

2. 因建倉在履約價4200點上下各3檔價內及價外，由於結算
   200305契約結算價4197點，幾乎跟價平相當賣方可謂大獲
   全勝。

3. 損益計算，價外：獲利100%(履約價3900～4100)；價平：
   被履約3點(4200)；價內：仍有24.9萬～39.6萬獲利（履
   約價4300～4500）；如結算價沒有被履約，則獲得全數賣

出權利金（如價外3900點PUT履約價，賣出權利金45點全收）。如被履約，先算被履約點數再扣除收的權利金，可算出損益（如價內4400點PUT，被履約點數＝履約價－當月結算價＝4400－4197＝203點，損益＝收到的權利金324點－被履約點數203點＝121點（如果不會算不必理會，電腦會幫你算出），這顯示賣出價內的選擇權也可以賺錢。

當月總損益：

（履約價3900點－4500點合計7個履約價）＝305萬元

》》後續

由於為了提高獲利，董事長由賣出價外漸漸轉呈價平甚至價內，權利金都收到很高的部份。剛開始每月準確度很高，多次指數大跌也順利避險或出場，這樣的戰績，使得投入金額越來越多，口數越來越大，而獲利由每月2%提高到3%～8%，曾經一年中8個月獲利都超過100萬以上（帳戶2940萬變成將近4000萬）。沒想到在政治事件中翻船，當時下跌到200多點，單日追繳1200萬（連其他戶頭總金額可能達3000萬），後來因營業員要求筆者幫董事長算先補到原始保證金76%（應該要補到100%），他才暫時撐過去。選前2004年3月19日漲回6800點，但後來幾個交易日因綠營當選，台指期貨3個交易日最低跌到5908點（大跌902點），造成他更大的虧損，事後看如被停損（強制平倉）更好。

🔲 檢討與建議（筆者的心得）

1. 口數計算——保守者（總入金／6萬）和積極者（總入金／3萬），此為可以建的最大口數，例如你有60萬，最多建20口（60萬／3萬），否則10口（60萬／6萬）也不算少。

2. 風險管理——特別是PUT的地方（因為台灣股市易跌難漲，大跌不但速度極快，對PUT的賣方最不利，所以要以期貨來管制風險。

3. 隱含波動率越高，賣方賺越多？——過去隱含波動率曾經高達80%，甚至更高，賣方當然是大賺，但如果對方向錯誤的賣方而言，其實是災難。當隱含波動率變高未必是好的進場點，過去2003～2007年隱含波動率較低，選擇權賣方賺的雖然少，但賺得安心，比較少出現快市大波動，但2008年金融海嘯和2011年美債事件都造成選擇權賣方很大損失，風險和獲利是相等的。

4. 賣方有獲利6成以上就可以平倉——不需要等到歸零才平倉，通常你的淨收入假設是50點，縮減到6成剩點20的時候，其實就可以平倉。

5. 別相信歷史統計——根據歷史統計，月漲400點以上的機率為18%，月漲300點的機率為27%。月漲200點的機率為38%……，但像是總統大選或是2011年8月這種6個交易日大跌1500點的機率只有1次（如此短時間內跌幅如此之大，過去14年沒發生過），你遇到一次就完蛋了，歷史無法預測未

來，切記！

6. 選擇權買方及賣方如何停損？——以下是某前輩高手提供的，請參考：

履約價	賣權權利金	買方停損 （虧損50%）	賣方停損
4000	42	權利金跌到21點立即停損	所收權利金漲到63點停損 權利金42點為100點以下，則以虧損21點為停損。(權利金漲到63點)
4100	73	權利金跌到36點立即停損	所收權利金漲到110點停損 權利金73點為100點以下，則以虧損37點為停損。(權利金漲到110點)
4200	115	權利金跌到57點立即停損	所收權利金漲到215點-265點停損 權利金115點介於101點到300點，以該點數100點為停損。(權利金漲到215點)
4300	176	權利金跌到88點立即停損	所收權利金漲到276點-326點停損 權利金176點介於101點到300點，以該點數100點為停損。(權利金漲到276點)
4400	251	權利金跌到126點立即停損	所收權利金漲到351點-401點停損 權利金176點介於101點到300點，以該點數100點為停損(最高150點為停損上限)。

備註（以下僅供參考）

1. 買方停損以權利金50%為停損，但賣方則不同。

2. 賣方停損：

  （1）權利金100點以下，則以該點數50%為停損（並四捨五入）。

  （2）權利金介於101點到300點，以點數100點停損。

  （3）權利金301點以上，以200點為上限（每口最多賠1萬），如賣出賣權收到350點權利金，權利金漲到550點停損。

倒金字塔式加碼──2個交易日虧損800萬案例

案例背景

　　宗澤是位台商，42歲，從事鋼鐵工具機械進出口，也是筆者多年好友。他最常跟筆者詢問就是匯率，台幣和美元匯率波動會影響他每年的實質獲利，所以他很關心。他是化工系畢業，加上個性使然，每件事幾乎都會打破砂鍋問到底，也都有自己獨到的看法。由於長期研究原物料的成本，他開始買賣期貨避險，由於運氣很好看盤又準，他在初期一帆風順，賺多賠少，後來他開始著墨賺更多錢的方式，就是倒金字塔式加碼，越加越多，但幾次都在行情出問題前出場，他一年公司獲利大約才250萬，沒想到在短短2次交易中虧損超過800萬元。

過去英雄史

📷➡圖：倒金字塔方式加碼賺錢。

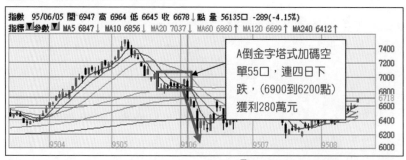

指數　95/06/05 開 6947 高 6964 低 6645 收 6678↓點 量 56135口 -289(-4.15%)
指標▼參數▼ MA5 6847↓ MA10 6856↓ MA20 7037↓ MA60 6860↑ MA120 6699↑ MA240 6412↑

A倒金字塔式加碼空
單55口，連四日下
跌，（6900到6200點）
獲利280萬元

📄➡圖表來源：嘉實資訊VIP看盤室

2006年6月5日——倒金字塔方式加碼賺大錢

由於盤勢自高點7500點下跌，在6800點上下盤整已經超過7個交易日，宗澤每天放空期指，甚至留倉，但幾乎都沒有獲利多少，損益金額累計不到50萬元。當天台指期開盤6964點開出，他按例開盤放空5口，當天開高走低，他就以不破前高的倒金字塔式加碼空單。他並沒有照技術線方式下單，只是沒有反彈過高點就空，至於用5口為單位是習慣，他只是在當日由6964點開高走低沿路下「每跌50～70點放空」，沒想到當天開高走低，他在等盤整一週的最低點6767點的跌破也給他等到了，由於當時已經加碼5口＋10口＋20口＝35口，他覺得空單也不少口了，最後一筆空單僅再加碼20口（跌破6767點後），他累積55口空單，均價6821點，當日獲利157萬元（他都採取當日下單，次日開盤平倉策略）。沒想到後續連4個交易日都下跌，其中兩個交易日都出現都開高走低，上下震盪達300點行情，最低跌到6200點附近，這方式他連用四次，都以同樣方式操作，四個交易日累積獲利高達280萬以上，他就跟筆者說，期貨實在「真好賺」。

🔲 靠期貨公司強制平倉賺錢

　　這算是個投機的方式，宗澤卻樂此不疲。在前一個交易日下午，雖有美國次級房貸事件，但台指期貨跌幅竟然高居世界第二（僅次於中國股市，但中國股市過去5年以來自低點狂漲5倍，台股卻是表現在全球敬陪末座），政府終於祭出證券交易稅在一年內減半措施。這個「利多」讓宗澤認為隔日必定重挫（由於當時台股現貨市場信用交易融資戶已經開始面臨斷頭），在次日開盤前就下單放空20口小台指，在現貨沒開盤時台指期貨竟然重挫200多點（AM8：45～AM9：00），他果然抓對時間，2分鐘竟然獲利新台幣22萬（見表一）。事後筆者查證台灣最大期貨公司當日開盤就強制平倉820口之多，這都是用市價殺出，所以也讓某些特定人士有在此獲利機會。

📊 表一、靠期貨公司強制平倉獲利

指數買賣位置	放空原因	指數最低/最高點	平倉後資金部位
開盤放空 價位約6222點賣出20口（小台指）。	全台灣期貨公司斷頭單在開盤市價賣出820口。（這是事後才知）	AM8：45市價空單，在2分鐘內，指數來到6002點，迅速平倉。	每口獲利220點，約NT1.1萬元，合計20口共獲利新台幣22萬。

⚙ 備註

220點×50元×20口＝22萬元

📷 圖：技術指標偏空，放空後卻次日大漲500點

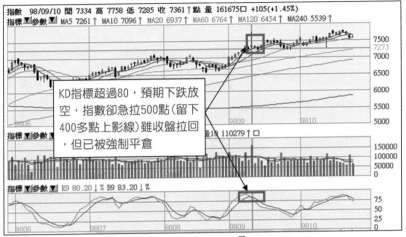

KD指標超過80，預期下跌放空，指數卻急拉500點（留下400多點上影線）雖收盤拉回，但已被強制平倉

📄 圖表來源：嘉實資訊VIP看盤室

📷 圖：倒金字塔加碼方式（放空加碼方式）

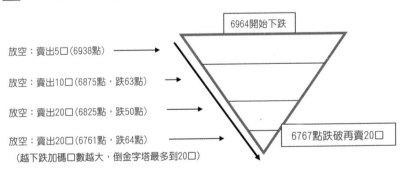

6964開始下跌

放空：賣出5口（6938點）

放空：賣出10口（6875點，跌63點）

放空：賣出20口（6825點，跌50點）

放空：賣出20口（6761點，跌64點）

（越下跌加碼口數越大，倒金字塔最多到20口）

6767點跌破再賣20口

2006年9月15日第一次大賠──野心越來越大，加碼口數放大到百口，倒金字塔方式大賠錢

同樣時空背景，在3個月後（見圖B點），盤整一週（由6790盤到6500的越盤越低型）他還是看空，用倒金字塔式加碼空單115口（胃口越來越大5口、10口、20口、40口、40口），但隔日開高300點，平均每口虧損4萬，他停損出場（本來是獲利的），光單日虧損超過460萬。

🔲➡圖：倒金字塔式加碼跳空上漲

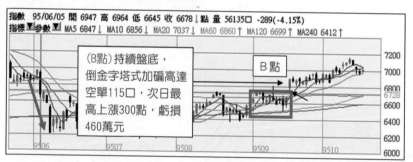

指數　95/06/05 開 6947 高 6964 低 6645 收 6678↓點 量 56135口 -289(-4.15%)
指標▼參數▼ MA5 6847↓ MA10 6856↓ MA20 7037↓ MA60 6860↑ MA120 6699↑ MA240 6412↑

（B點）持續盤底，倒金字塔式加碼高達空單115口，次日最高上漲300點，虧損460萬元

B 點

2009年9月10日第二次大賠──倒金字塔加碼空單遇到急漲500點利多消息

宗澤觀察台指期貨盤勢已久，技術線型已經偏空，他倒金字塔加碼開始全力放空台指期貨高達46口空單（見表二，準備把先前虧的賺回來），隨著當日因為行政院吳敦義院長公佈新內閣底定，加上金融期因為MOU簽署的消息露出曙光，開盤不到5分

鐘，台指期指數急攻，由上漲80點瞬間急拉為大漲超過500點，來到7758點。當時情況緊急，營業員通知補保證金，但宗澤當時已無足夠資金，被強制平倉（所謂斷頭），均價幾乎平在最高點上漲，由於高達46口空單損失慘重，虧損金額超過400萬（原先還獲利33萬），沒想到被強制平倉後沒多久，9點過後漲幅開始收斂，最低殺到7285點（當日最高漲500多點，最低僅漲37點，高低價差達473點，宗澤被平在上漲450點上下），只能說他運氣真的有夠差。當天宗澤和筆者說，至少要1～2年做白工才賺得回來。

📊►表二、倒金字塔加碼空單遇到急漲500點利多消息

日期	當日收盤價（漲跌）	留倉／均價／虧損
2009/09/8	7316點（＋91點）	看空，盤中倒金字塔下空單，盤後留倉24口空單（2口、4口、6口、12口），均價7298點（當日每口虧損18點，總計虧損8.64萬元）。
2009/09/9	7256點（－60點）	盤中再採取倒金字塔（2口、4口、8口、8口）加碼空單22口，加上原24口空單，累積達46口空單，均價7292點（當日每口獲利36點，總計獲利超過33萬元）。
2009/09/10	7360點（＋105點）	開盤由上漲80點瞬間急拉為大漲超過500點，來到7758點，虧損金額超過400萬。

🔲 建議及檢討

宗澤先生兩次「倒金字塔方式」加碼都是先賺，然後在很短的時間虧光，損失合計超過800萬，原因都是越下越多，然後遇到行情突發狀況導致虧光。這顯示這種加碼方式風險很高，不該採用，但建議改善方式如下：

❶ 賺錢單再加碼

宗澤的獲利模式就是不論虧損都加碼，他賭的是自己看盤準確與否，後來證明只要虧錢的部位一加碼且留倉，無論輸贏與否，他會出現當晚睡不著的莫名壓力，而如果第二天又是續賠，等於是虧損擴大，本來10口單損失，變成20口，甚至更大，這時的損失比看錯兩次還驚人，所以一定要在獲利的部位再考慮加碼。

❷ 原部位平掉再加碼

宗澤的模式就是不斷加碼，除了先前倒金字塔外、他也做過同等部位（例如多單5口、再加多單5口、再多單5口……），但他有個缺點就是「想賺大筆的」，所以一定是持續加碼，不會平掉已獲利的部分（虧損也一樣），這同樣讓自己風險曝露在極大中。他如果要這樣作單，再獲利一定後要平掉原部位再加碼，例如多單賺5口的部位平倉後再買進10口多單，要買進20口部位，就要先將10口部位平掉，這樣風險會比較低。

❏ 後續

　　後來宗澤終於停止這種倒金字塔方式加碼，因為他說一次虧要賺3次才補得回來，而且行情一反轉就把前面獲利都虧光了，他漸漸專心於期貨商品，且以避險為主，如果原物料有上漲的跡象，他會開始避險降低購買成本。現在他專心做個好商人而較少著墨期貨了。

贏家語錄

雖然一貫可行的策略，可能是操作成功的要件，但隨著時空改變，成功的策略也可能會失敗，必須隨時修正。

3天內虧損超過2億的大戶（賣出買權看空）

案例背景

背景：大戶由門外漢變期權高手

由於2009年中國購台灣電子產品的採購團頻來台灣，也讓台灣不景氣中感受到中國政府的善意，但某在野黨主席在結束海外訪問行程回到台灣，被問到最近連續有中國採購團來到台灣，表示台灣對中國的外貿依存度如果持續增高，未來的經濟自主性會有很大的問題。

高董（54歲），經營面板相關公司，年營業額大約10億，由於不景氣而且公司規模不算大，這2年開始虧損，他在這次大陸來台採購有不小受惠，但在野黨卻反對大陸採購，他常氣憤填膺地跟筆者說，如果台灣再有政治的炒作而影響民生經濟，他認為這些人要反省檢討。他另一個身分是期指的大戶，在七年前和筆者認識，開始做期指，從選擇權買權和賣權到底要交保證金還是權利金的門外漢，到成為買賣選擇權的高手，時間不過兩年，對買賣跨式交易和勒式交易、多空頭價差甚至各種跨市場和商品價差交易都很熟悉，他連國外的商品都操作過，7年來獲利超過新台幣2億（以下金額都是以台幣計算）。大量上課和用心閱讀各種資訊是他成功的原因，沒想到因中國移動入主遠傳事件3天

內台指選擇權大漲1000點，他因做賣出買權（作空），3天虧損2億多，幾乎虧光過去所有多年獲利。他現在心灰意冷，跟筆者說想永久退出市場，筆者還是把他的失敗操作案例跟大家介紹：

過去英雄史

📌 表一、高董最成功的2個案例（2次合計獲利約4400萬元）

時間及盤勢狀況	台指期貨策略	台指選擇權策略	損益狀況
2003年5月台指期貨由4000點起漲，已經漲到4800多點，波段點數高達800點，手上完全沒部位，但認為還會再漲。	4800～4900點開始大量買進台指期貨合計220口。	履約價4800點～5000點賣出賣權（作多）220口，收取權利金248萬元。	後續盤勢：4000點起漲，大波段小賺。指數再漲到最高6000點。 台指期貨：4800～4900點開始大量買進台指期，分批平倉在5200～5300點，獲利1760萬。 選擇權：到期前平倉，獲利216萬。 合計：約1976萬
2007年3月台指期貨由7500點起漲，已經漲到8200多點，高達700點，手上完全沒部位。	台指期貨無部位。	履約價8400點～8600點買進買權（作多）400口。	後續盤勢：指數再漲到最高9800點（7500點起漲）。 期貨：無部位。 選擇權：8200多點買進成本，到期前平倉，最高平倉在8900點附近，獲利2416萬。 合計：約2416萬

■■ 審判日

◻ 中國移動入主遠傳12%

2009年4月29日（指數在5600附近），遠傳電信在香港大動作宣佈，中國移動入主遠傳，取得12%的股權，當天高董也沒想那麼多，因為本身也常往來大陸，知道遠傳屬於第一類電信業，台灣主管機關是不會同意中國參股的，但次日一早打開電腦，看到台指期漲停6015點（+393點），他開始擔心。他打電話給營業員，問會不會打開？此時5600點的Call已經從昨天收盤的196點漲到600點（第二個交易日漲停到1020點，當時每口虧損超過800點），而他有5000口的這樣的Call──但很不幸的是賣方部位。

表二、高董最失敗的案例（單次虧損高達2.2億）

當時狀況	指數期貨策略	指數選擇權策略	損益狀況
2009年4月台指期貨由3955點起漲，已經漲到5600多點，點數高達1600點，目前台灣景氣極差，外資大幅賣超，指數應該過不了5800點再漲有限。	賣出台指期貨400口。（台指期後來有先平倉）	賣出買權（作空）5000口，履約價5600～6200點。	因遠傳受到中國移動入股12%消息，由5600點3個交易日上漲到6600點，高董期貨和選擇權部位被強制斷頭平倉出場，損失金額高達2.2億元。

⊛ 備註

以上損益狀況未扣除期交稅及手續費。

📷 表三、中國移動入主遠傳後台指期貨報價變化，契約200905（近月）為報價

日期	當日收盤/漲跌點數	漲跌幅度	當日成交量
2009/4/29 （收盤後宣佈消息）	5622點（＋40點）	＋0.72%	10.95萬口
2009/4/30 （第一日）	6015點（＋393點）	＋6.99%漲停	2.92萬口（量縮）
2009/5/4 （第二日）	6436點（＋421點）	＋7.00%漲停	3.96萬口（量縮）
2009/5/5 （第三日）	6540點（＋104點） 最高6720點	＋1.62%	超過15萬口

📷 表四、中國移動入主遠傳後選擇權報價變化，契約200905（近月）為報價（Put）

日期/盤勢狀況	履約價5600點 權利金收盤價	履約價5700點 權利金收盤價	履約價5800點 權利金收盤價
2009/4/29 （收盤後宣佈消息）	307點 （賣出價格）	248點 （賣出價格）	196點 （賣出價格）
2009/4/30 （期指漲停） （第一日）	610點（＋391點） 虧損303點 （虧損15150元）	560點（＋391點） 虧損312點 （虧損15600元）	520點（＋391點） 虧損324點 （虧損16200元）
2009/5/4 （期指漲停） （第二日）	1020點（＋410點） 虧損824點 （虧損15150元）	975點（＋415點） 虧損727點 （虧損36350元）	890點（＋370點） 虧損727點 （虧損36350元）
2009/5/5 （第三日）	970點（－50點） 最高點1230點	885點（－90點） 最高點1150點	780點（－110點） 最高點1090點

☼ 備註：

2011/5/4，期指第二日漲停，履約價5600點、5700點、5800點的3大履約價（還有建在5900點～6200點的部份不容贅述），每口虧損都高達3.75萬（平均至少750點，和4/29賣出買權成本相比），高董在2009/5/4已經虧損高達2.2億元（含台指期貨）被強制平倉出場。

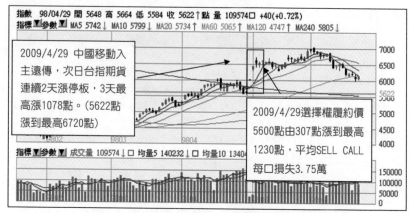

圖：中國移動入主遠傳，高董損失案例

圖表來源：嘉實資訊VIP看盤室

建議及檢討

失敗原因

1. 以為台指期貨多單可以避險

   由於連續2個交易日台指期貨都是漲停（2009/4/30和 2009/5/4），根本沒有辦法買到台指期貨多單，以致損失慘重，更別提避險了。

2. 對盤勢太有自信

   過去8年幾乎每次都是大賺小賠，高董每次進場都會跟筆者討論，結果資金部位越來越大，高董每次也都嚴守停損，他多做買方，做大波段操作，他的技術指標以大陸股市的KDJ（台灣是以KD為主）為操作依據，配合日線、周線、月線為

短、中、長期依據，做選擇權賣方17次更有高達12次獲利。這次以技術線來看的確是在5600點附近有壓力，看起來沒有大漲的跡象，高董甚至看到指標出現下跌訊號，所以他全力做選擇權賣方並且大舉放空台指期貨（詳見表二）。中國移動入主遠傳事件有如天外飛來的隕石砸中台灣，台指期短短3個交易日大漲1000點，他被斷頭（強制平倉）出場。

3. 沒有足夠資金補保證金

雖然大漲波段1000點（連2天漲停板）後，在第3個交易日台指期貨開始下跌，很可惜的是他已經無力回天。筆者幾乎可以判斷他是輸在錢不夠多無法補足保證金，因為台指期貨過去十年經驗最多就是連續漲停兩天（從沒3天漲停板過），所以如果高董膽子夠大，在第三個交易日繼續補保證金（要台幣2億多），高董也許會反敗為勝，但事後證明台指指數在一周後最高突破7000點，他補保證金也必須在極短時間內出場。切記部位千萬不要太大，否則即使你嚴守停損，出現連續漲停板（或跌停板）而你方向是錯誤的，那就可能在短時間內造成無法彌補的巨額損失。

贏家語錄

價格創造趨勢，而不是趨勢影響價格。

真贏家系列

7年獲利4,000萬的達人

案例背景

　　讀了freeman的大作《台指當沖交易秘訣》筆者感觸很深。有位客戶張先生也是操盤高手，他在這行業超過10年，擔任自有資金操盤人有7年，當初做過波段單，卻發現風險高，因為波段必須留倉，留倉就容易發生留空單，次日開盤大漲，留多單但開盤卻大跌的問題。像這樣的情形半年時間發生過20多次，方向錯了之後就幾乎很難再獲利，而且遇到重大消息虧損很大。後來改成「當沖」為主，好處是當日就可以控制風險，因為不管賺賠都不留倉，但也因為這樣，會錯過大波段的行情，賺的錢是靠波動率賺來的，只要波動率高些就有較大機會獲利，他的作法值得我們學習。

■■ 最最失敗案例──自認是神準的波浪理論大師

　　張先生說他每天都在看指標的書籍，只要有台指期貨和選擇權開課就去上課，每天和人家討論行情，但如此用功還是敵不過市場的淘汰。2003年4月時進台指期貨市場將近第10個月，張先

生穩健地順勢操作，在這段時間他如魚得水，多單沿路加碼憑藉技術指標的靈活運用，讓他在投入200多萬的近一年時間內賺了約100萬。

張先生自認在這90%虧錢的市場，能有此成績難能可貴，秉持的就是「多看行情、少進場、重押」三大方式。當時平均1個月進場不到20次，但10個月下來報酬率46%，其實都是「波浪理論」造就張先生賺大錢的。每一波都被他抓到了，張先生當時還想「這樣賺下去很快就能賺到1000萬甚至1億了吧！誰看盤比我更準呢？」

就在這樣幻想的一週後，台指期貨由低點4200點慢慢漲到5100點。張先生已經在一週內賺10多萬了，他自信滿滿這波應該會站上5400點，憑藉他「神準」的波浪理論，推斷5123點絕不可能就是高點（當時該波最高點5123點），加上自算的易經也顯示自己這個月會大賺，張先生開始沿路加碼，從5123點拉回5050點附近慢慢佈局30口台指期貨多單（幾乎佔當時所有資金85%），當天還賺了54點，超過32萬，他跟自己說這次賺錢就帶全家人出國旅遊。沒想到隨後連兩日都走低，但合計只小跌31點，帳面上還是小賺，結果第3交易日大跌94點，張先生當時沒有出場，因為相信自己的看盤技術，他又再補原始保證金250萬（這是他高利借來的，請各位讀者千萬不要學，還好後來張先生

家人拿錢去還了，否則恐怕萬劫不復），並且加碼多單20口。張先生像殺紅眼似地要拼下這行情，沒想到還是跌，合計7個交易日跌300點，他認為波浪理論失效，認賠出場，就這樣虧損將近200萬，把這一年賺的全都虧光了，還被討債。

事後張先生把自己關在家裏一個多月，前後過了好久才走出心理障礙，簡直像是要得了憂鬱症，他說那次失敗，精神的損失比錢的損失更可怕百倍。

🖼️▶圖：張先生操作波浪理論失敗圖

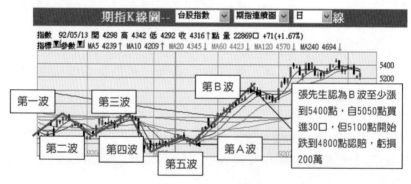

📄圖表來源：嘉實資訊VIP看盤室

💠 **備註**

其實上圖的型態這根本就不符合波浪理論，但張先生硬拿它當波浪理論來看，所以他事後認為自己學藝不精，不過筆者認為波浪理論本來就很難看出端倪，何謂上漲或下跌波？操作失敗十分正常。

附註：波浪理論圖（此圖只是概略而已，讀者可自行自網站上查詢）

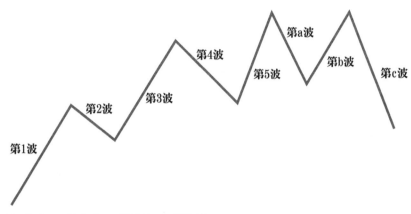

推動波：第1波、第3波、第5波
修正波：第2波、第4波
趨勢波：第a波、第b波、第c波

◻ 成功案例

　　因為做台指讓張先生太緊張，晚上也無法入睡，後來乾脆做美國道瓊等商品期指，之後幾年都是靠著藥物控制。雖然這些年賺了不少錢，但犧牲了健康和家人的相聚時間（他整天都在做期貨），張先生說他現在都是以各種策略、把風險降到最低的方式操作，這樣精神不會太緊張，因此開始做短線進出（平均每日進場4到7次）。

☐ 成功要素

1. 交易系統強——用證券公司最新的系統，並找出最合適自己的方式搭配操作。

2. 心情調適——覺得自己一定會贏，每天用平常心操作，不因每口賺賠而影響下單心情。

3. 執行力強——每次下單都堅守自己的原則和系統，絕不違背。

📷 表一、2006年7月～2006年12月短線操作台指期貨績效表

時間	交易次數（次）	勝率	平均獲利點數（點）	平均虧損點數（點）	月結算（台幣/元）
2006年7月	130	49%	36	31	獲利112萬元
2006年8月	112	55%	31	18	獲利88.5萬元
2006年9月	146	33%	28	35	虧損44.3萬元
2006年10月	177	58%	35	22	獲利48.1萬元
2006年11月	106	66%	34	19	獲利126.6萬元
2006年12月	140	36%	22	24	虧損40.2萬元
合計					290.7萬元

☯ 備註

1. 以上已經扣除期交稅及手續費。每次下單口數介於2口～20口間。

2. 在2006年11月由於採取波段式操作（抓對大行情），次數最少但該月勝率高達66%，獲利也最高，顯示交易次數越少

獲利機會越大,金額也越大。

3. 獲利要看絕對金額而非倍數。

由於當初成本僅有42.3萬元,12個月後帳面上累積290.7萬元,獲利高達7倍,但以絕對數字來看,實際金額其實還不到300萬。

4. 獲利金額遠比勝率重要。

兩次虧損都是遇到該月操作不順,以致造成虧損,而虧損金額也只有不到50萬,顯示風險控管得當。

操作成功與否是以獲利金額決定、而非獲勝次數(百分比)來決定,每「日」損益重於每「次」損益,每天交易獲利總合是由當天每筆交易累積的,而交易是為了獲利,而獲利決勝點是每筆金額大小,我以前是每筆賺錢次數高,但賺的少,結果累積都是虧錢,現在剛好相反。

張先生後來著重在賺錢的時候加碼,以及在虧錢的時候減碼,增加每筆獲利的機會,這才是交易期貨賺大錢最重要的習慣。

觀察重點

1. 每5分鐘成交量

2. KD值

　　觀察主力心態順著趨勢做單，一天進出平均僅4～7次（次數要看行情），看成交量是最好的方法。如圖一，A和B兩次都是成交量放大，KD走揚，轉振點位置，這兩次看到5分鐘成交量放大，就馬上進場。

失敗案例

　　A點，算是上漲波，當成交量放大，KD還往上揚，成交量爆量，後來發現5分鐘成交量就7700多口，當時5分鐘「均量」僅3300口，足足超過100%，KD趨勢向上，還有15分鐘應該有拉尾盤的機會。張先生進場（13：30）作多7702點，20口大台指，結果沒上漲，張先生不留倉，尾盤6998點平倉（13：42），小虧4點出場。

失敗原因

　　因張先生是收紅K棒尾盤進場，所以買到7702點的高點，該K棒最低點在7663點。

成功案例

　　B點成交量爆量，後來才發現5分鐘成交量就6800多口，當時5分鐘「均量」僅4500口，足足超過50%，KD又都在90以上，算是漲多將回檔。張先生進場放空，一次就下60口，5分鐘成交量一縮到2000口，還沒到KD接近30他馬上出場，這次大約15分鐘，由7840點跌到7798點出場，每口獲利42點，獲利報酬率約

7%（扣除期交稅和手續費。以保證金為成本）。但不見得每次都獲利，有時也被騙線。

成功原因

　　進場後成交量快速萎縮，KD也急速下降，不要等KD到20再平倉，留給其他人賺。

✪備註

以上A（賠小）、B（賺大）正確方式，讓張先生財富累積越來越多。

⬛圖：5分鐘線圖操作技巧（也用1分鐘線圖）

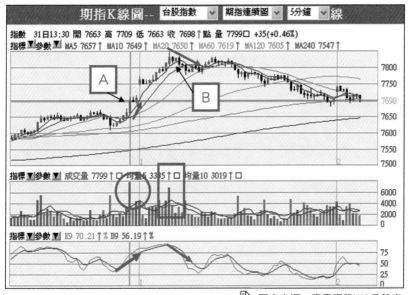

圖表來源：嘉實資訊VIP看盤室

■ 以消息面進場操作期貨和選擇權

表二、張先生操作台指期貨一覽表

操作策略／商品	進場原因	結果	損益金額
單邊作空 買進台指期貨,並大力買進台指選擇權買權。	2004年3月份水蓮配和連宋配選總統,市場一面倒認為連宋配會贏,只有張先生獨排眾議認為水蓮配會連任,但連任會大跌。	指數大跌(後來累積共跌了900點。)	獲利298萬(輕鬆獲利,以為自己是操盤高手,等待下次總統大選再大賺一票。)
單邊作空 8200點附近放空台指期貨,並大力買進台指選擇權賣權(近月,價平附近)。	2008年3月份將選舉前進場,由於張先生是深綠,認為國民黨不會贏,民進黨候選人會贏,所以會大跌。	國民黨馬英九當選,進場3個交易日,結果指數大漲425點。	虧損218萬(當時台指期貨正價差過大,口數空很多口,有設停損,但跌幅過快,有進場攤平,結果台指期貨虧了平均330點認賠出場。)
價差交易 放空金融期貨作多電子期貨	2008年9月份美國金融海嘯狂襲台灣金融股,雷曼兄弟地雷債券在台灣多家銀行發酵,所以認為金融股會重挫,但因擔心單邊放空金融期風險過高,作金融／電子價差交易(電子反彈快)。	放空金融期貨(期間下跌24.4%) 作多電子期貨(期間下跌17.45%)	獲利182.2萬因為電子期貨合約約值約為金融期貨1.5倍,所以電子:金融=1:1.5=20口:30口(下單口數),合計金融期貨(獲利531萬)＋電子期貨(損失348.8萬)＝182.2萬。
搶短遇到國際股災 放空台指期貨和摩台指(約在台指期4800點附近。)	2008年10月(13日～17日)國際盤大跌,台北股市又限制3.5%跌幅,造成流動性問題,當時搶短進場作多。	台指期5個交易日大跌480點	虧損142萬
單邊作多 台指選擇權買進買權,履約價4000點。	2008年10月跌到4000點,台股史上在4000點以下的比例只有5%,加上逆價差過大(出現最大逆價差328點,已經超過7%),張先生認為應該會收斂,但怕會再跌,以OP買進買權因應。	台指期5個交易日大漲超過1000點	獲利344萬

🜨 備註

張先生以消息面判斷操作，五次操作（表二）合計獲利464.2萬元。

🗔 成功留言版

❶ 獲利／虧損比

　　要提高「獲利／虧損」的比例，就要控制每筆單的最大可能損失金額不超過最小可能獲利金額。好的操作獲利/虧損比率至少應該是2：1（也有人設3：1），如果以點數來看大約是虧損50點及獲利100點，但這樣的方式有修正。張先生說有次在指數6938點進場作多單，指數漲到7028點時他沒有在最高點出場，後來等最高點跌50點，也就是6978點附近他就出場了，但這樣張先生還是賺錢的（成本6938點作多），而非等到跌到賠50點出場。讀者如果每次進出設獲利就100點出場，虧損50點出場，若你進出點獲利機會超過5成，相信你能賺到錢的。

❷ 核心──紀律、紀律、紀律

　　期貨交易就是追求最大獲利，「愛拼才會贏」，如果操作嫻熟之後，便可以掌握操作模式，慢慢擴大交易金額和口數。採取搶短線，留倉絕對不超過3天，要有精準的眼光加上迅速下判斷

的魄力，對於錢一定要用最嚴格的態度操作，最重要就是操作的「紀律」，一定要機械式的操作。「對的時候賺多，錯的時候賠少，只要你對於自己的指標有信心，賺錢機會就會高。」根據張先生自己統計，10筆單中，大約有6筆單會獲利。想賺到錢，只要嚴守紀律，你已經邁向成功的一大步。張先生七年獲利4000萬其實每年獲利穩定而非快速致富，這才是高手的操盤法。

❸ 常用三大私房技術指標

📷 表三、三大私房技術指標一覽表

技術指標	應用	缺點
波浪理論	判斷大波段轉捩點，用波浪理論算出在表二6800點附近為第一波，大舉進場作多期指，結果照個5波一直走到ABC波，獲利高達數百萬。	無法判斷此為哪一波，常常錯誤（錯誤高達40%），所以光以波浪理論來做單很危險，先前錯誤好幾次。
MACD＋KD 配合威廉指標%R	MACD及KD再80以上算高檔，20以下算低檔，但威廉指標%R正好相反，20以下表示會走跌80以上要看漲，我會三個值指標一起運用，由於進場次數不多，勝率高達70%。	指標鈍化：如KD值90以上和10以下變成無法判斷盤勢，此時儘量不要下單。
成交量	連續1個價位或5分鐘量出現5000口以上大筆成交（此隨成交量調整，最好高於5分鐘K線，5個均量30%以上。例如5分鐘K線＝4500口，5均量至少要5850口，越大越好）。備註：5分鐘K線的5個均量相加除以5稱為「5均量」	成交量很難絕對判斷，有時主力出貨賣出卻看成在進貨，結果作多造成虧損。

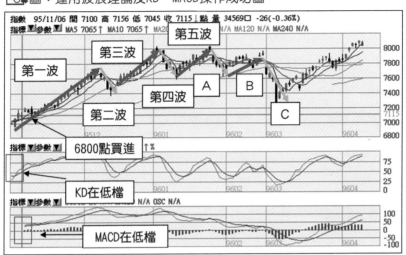

圖：運用波浪理論及KD、MACD操作成功圖

圖表來源：嘉實資訊VIP看盤室

檢討與建議

》》 波浪理論需要搭配其他指標

　　筆者認為波浪理論最困難的地方在於波中有波，浪中有浪，所以它只是一個理論，還不算一門科學。前幾次張先生能獲利完全是運氣好，加上搭配KD和MACD指標成功機會就高多了。如上圖，KD和MACD在20低檔，判斷台指期貨買進6800點附近，這是波浪理論第一波（波浪理論在盤中很難判斷，只能型態猜測）。

》》當沖獲利就像積沙成塔

當沖獲利賺的少，每日平倉但是沒有風險，因為留倉風險很高，只要遇到美國股市開盤重挫或是全球發生任何大事（例如歐債危機），萬一你又是作多單就會很慘。過去張先生光是開盤做錯邊損失就高達數百萬，後來改成幾乎不留倉，果然每年穩定獲利。筆者也預祝張先生能賺到人生的第一個1億元。

贏 家 語 錄

虛擬操作只能誕生贏的想像，而實際操盤中，產生的卻是輸的惶恐。

台指選擇權獲利6000萬買屋的案例

案例背景

筆者的朋友簡公（37歲，某大人壽資深員工，簡公是他外號）去永和市四號公園旁邊租屋，當時他想加盟85度C，和屋主陳老闆（51歲，永和擁有5間房子出租）洽談時，老闆不經意透露出這間房子是靠買台指選擇權賺到的，他回來跟筆者說的時候，筆者要了電話，後來跑去跟陳老闆請教是怎樣做成功的，他本來不願意告知，後來拗不過筆者請求，就透露了賺到6000萬的選擇權秘訣。陳老闆也說他的交易中有70%是程式交易，有很多時候是程式交易成交的單，無法用人工看盤方式解釋，但程式交易缺點就是常常某一段時間準確，另一段時間又不準了，不過透過程式交易，還是讓他賺了大錢。

過去英雄史

》》 最成功案例

陳老闆剛進入市場時運氣太好，從300萬賺到2000萬只花不到6個月，因為只作買方，把資金全力buy CALL或是buy PUT，他這種橫衝直撞的方式剛好遇到大漲大跌行情，幾乎每次都有100～200萬行情，雖然有幾次猜錯方向又重壓也虧得很慘，不

過不到半年獲利已經2000萬，他當時已經考慮不要再作單了，但就在一次賺了800萬（表一）後他變得貪心，大幅加碼，而在半年後一次就虧損掉1650萬（見表二和圖），讓他崩潰。其實這兩次用的方法都一樣，一次buy PUT遇到大跌大賺800萬，一次buy CALL遇到大跌大賠1650萬。歷經這樣重大虧損後，他開始自我反省，後來在台指選擇權市場大放異彩，終於賺到更多房子。

📖 表一、陳老闆最成功案例（只是放空，台指選擇權buy PUT，單次獲利超過 800萬。）

日期	盤勢狀況	操作策略	履約價／權利金（均價）
2006/7/12起連買3個交易日。 （第1個交易日，6700點附近進場作。）	台指期貨6700點附近震盪，第二根黑K且現貨籌碼鬆動，很可能會下跌。	空單，以25口和50口為下單單位下單，KD在高檔90，應該要作空單，而且把資金以台指選擇權為主（台指期貨保證金較高）。	陳老闆預期台指期貨會跌到6400點，契約2006年8月履約價6400buy PUT，合計1200口。(均價78點)
2006/7/17 （次4個交易日，最低跌到6150點。）	台指期貨盤中最低6150點，指數果然大跌500點以上。	KD在高檔90以25口和50口為下單單位下單。	平倉：契約2006年8月履約價6400點buy PUT平倉，均價215點（權利金均價78點），本次獲利超過800萬，獲利將近300%。

⚙ 備註

以上不含手續費與期交稅。

📷 表二、陳老闆最失敗案例（同賺800萬方法，只是buy CALL，4個交易日損失超過1650萬。）

日期	盤勢狀況	操作策略	履約價／權利金（均價）
2007/2/27（7900點進場作多）	台指期貨7900點附近震盪。	站上10日線，開始作多，集中在履約價7900點和8000點，以25口和50口為下單單位下單。	A.履約價8000點buy CALL 725口（權利金均價102點） B.履約價7900點buy CALL 725口（權利金均價141點）合計1450口
2007/3/1（第一日收盤跌265點）	跳空下跌破10日均線，最高7770點到7660點。	跌破10日線，應該開始作空，但在前一次低點7638點附近，未加碼也未平倉。	原部位1450口未平倉（2007/2/27）
2007/3/2（第二日上漲8點）	最高7700點到7650點盤整	但因接近前兩次底部低點7594點附近，加碼攤平作多，想一次拉上去平倉。	1.原部位1450口未平倉（2007/2/27） 2.加碼攤平（新部位）： (A)履約價7700點buy CALL 725口（權利金均價108點） (B)履約價7600點buy CALL 725口（權利金均價147點）以上共計BUY CALL 3350口
2007/3/3（第三日跌79點）	7556～7640點	未加碼也未平倉	原部位未平倉
2007/3/5（第四日跌304點）	7270～7548點	認賠平倉	Buy CALL 3350口全數平倉，4個交易日損失超過1650萬元。

⚙ 備註

陳老闆喜歡以價平加一檔價外，就是權利金在100點上下為買進標的，因為以buy CALL為例，只要指數一上攻，漲幅最大就是價平的權利金，單履約價不超過1000口為原則，因為這樣可以控制在750萬損失。沒想到在沒有停損加上逢低攤平的狀況下，台指期貨連四天大跌，由於想說buy CALL最多就是虧光權利金，2000萬的權利金損失超過1650萬，尤其第二次加碼因為很有自信在前低點的位置會立即反彈，加碼口數增加到兩個履約價，幾乎是押滿，卻一次大跌虧光。

🔲📈圖：陳老闆操作台指期貨4日虧損1650萬

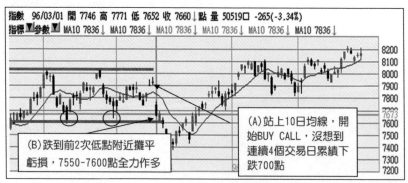

📠圖表來源：嘉實資訊VIP看盤室

成功留言版

》陳老闆操作台指選擇權原則

❶ 只做買方，不做賣方

只做buy CALL和buy PUT，不做賣方，免除大行情出現時的賣方虧損風險。

❷ 履約價

只做價平及一檔價外的履約價，如果看漲做buy CALL，看跌做buy PUT。

❸ 一週內交易定輸贏

如果3至5個交易日沒獲利立即出場，當然虧損也出場。這主要是控制留倉時間及風險，還有因為口數多達1000口以上，時間價值的減損也很驚人。

❹ 盤中及日均線做法

日K的10日均線，在多頭趨勢上，指數會不斷測試10均線；盤中，就看台指的5分鐘（1分鐘）K線、成交量以及KD指標，做法上，KD黃金交叉作多，死亡交叉作空。這看似簡單的方式其實常失靈，原因就是當程式交易出現進單訊號，大家也要進單，所以很多價位根本成交不到或是無法成交到足夠的量。

❺ 成交量

當成交量放大時，就是盤中可能有大行情的關鍵，當台指1
分鐘的成交量突然放大到1500～2000口以上，就是有大行情。
當價量背離時，就是搶短線的時候。例如：空頭時台指成交量放
大，但價格卻創新低，就是buy PUT的時候。反之如果成交量縮
小價格創新高，要先把buy PUT平倉。

❻ 技術分析KD背離

KD在高檔鈍化，成交量若不增加，行情可能會反轉向下（如
下圖），低檔鈍化成交量放大可能會上漲，反之低檔鈍化亦然。

◧▸圖：陳老闆技術分析加油站

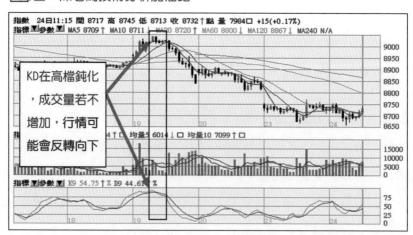

▤▸圖表來源：嘉實資訊VIP看盤室

🔁 圖：盤整盤和趨勢盤的操作方式

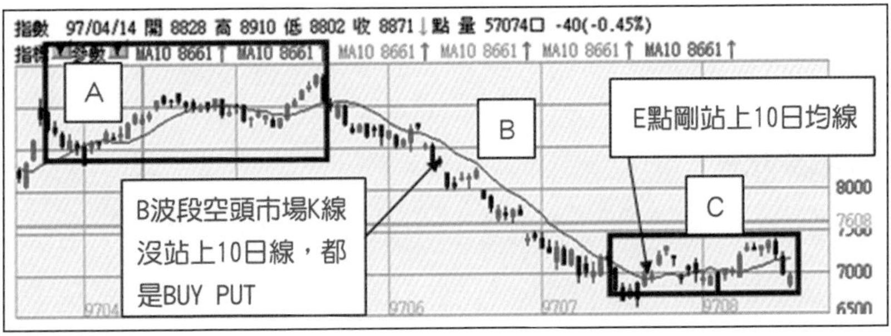

```
指數  97/04/14 開 8828 高 8910 低 8802 收 8871↓點 量 57074口 -40(-0.45%)
指標  參數  MA10 8661↑ MA10 8661↑  MA10 8661↑ MA10 8661↑ MA10 8661↑ MA10 8661↑
```

A

B

E點剛站上10日均線

C

B波段空頭市場K線
沒站上10日線，都
是BUY PUT

8000
7608
7500
7000
6500

97/04   97/06   97/07   97/08

📑 圖表來源：嘉實資訊VIP看盤室

🔘 備註

陳老闆操作過程中（如上圖），A和C波段幾乎都是虧損，只有B段是獲利的，該波合計A＋B＋C＝（-102萬）＋298萬－78萬＝獲利118萬，我還是賺錢的，因為K線在10日均線上下盤整，趨勢並不明顯，當時buy CALL或是buy PUT幾乎都會虧損，但因為要試單所以沒辦法。你可能會懷疑為何不少做單？但以上線圖是我們「事後」看到，究竟是盤整盤還是真有趨勢，當下根本無從判斷，只能走一步算一步。C段盤中E點（見圖）7000點剛站上10日均線6929點（陳老闆會在站上30點左右才算確認站穩），當天KD又剛好由低檔黃金交叉（陳老闆當日買進2008年8月契約，履約價7000點buy CALL），這樣勝算高。

贏家語錄

贏家是靠戰術和正確的進出時機，勝率未必高但損失少，才能帶著獲利離開。

OP當日走勢高低點操作法——3年獲利10倍的案例

案例背景

　　筆者最常遇到客戶的問題之一就是：操作指數期貨，到底是短線（筆者定義為持有部位者3個交易日以內平倉）或長線（筆者定義為持有部位者4個交易日以上才平倉）比較有機會獲利？其實這沒有一定的答案。指數期貨和股票最大的差異在哪裡？筆者認為股票只要知道趨勢，由於沒有時間限制，只要該公司沒有發生重大財務危機，即使買入成本過高導致投資人被套牢，還是有回升到原始成本之上的機會（但根據非正式統計，台灣買股票被套牢的投資人平均要九年才會回本）。台指期貨就不同了，例如先前筆者有位客戶是銀行行員，他在6600點附近大舉進場作多，次日指數跌到6480點，他停損出場，結果沒想到指數在短短一週內衝到接近7000點。指數期貨在契約的規範下，近月契約最多只有一個月持有時間，所以必須在「時間內」與台股走勢做正確的期貨部位方能獲利。以下介紹2004年到2007年期間，陳大元先生（3年獲利10倍），由100萬資金到1000萬資金操作選擇權成功心法。

》》 陳大元先生成功心法

　　因為不留倉，沒有開盤暴漲暴跌風險（通常美股大漲或大跌就會導致台股次日暴漲暴跌），他認為市場往什麼方向，就跟著市場的方向走就對了（多頭不作空，空頭不作多），千萬不要預設高低點，「順勢操作，多空皆宜」。指數有行情就要穩穩抓緊，至於盤整（單月漲跌不超過300點）在台股一年時間大約占70%，兩面挨耳光居多，此時應當少作多看，把賺錢的速度加快，賠錢的速度降低，久而久之，財富就這樣累積。「少輸多贏，克服心魔」，自然會獲利。指數期貨3年才獲利10倍其實並不高，但將風險降到最低，一步一步慢慢增加獲利，這才是值得我們學習的地方。

📖 表一、陳大元最成功和最失敗案例

	當時指數位置及狀況	損益及原因
最成功案例	2007年6月14日起指數由8331點漲到8897點，4個交易日分別上漲112點、152點、175點及92點。 台股連漲，4個交易日幅度都在1%以上，以作多（當日沖銷）不留倉為原則。累積4個交易日，台指選擇權256口，最大單日成交78口。	損益： 單日最高獲利新台幣43.6萬，4個交易日合計獲利95.8萬元，帳戶期貨保證金累積超過300萬。 原因： 當時真是牛市沖天，通常越漲大家越空，但當時看準本波會到9000點行情，越漲越是大買，所以賺到超額報酬。
最失敗案例	1.空頭市場先放空獲利——2006年5月8日由於該波段由7500點附近開始崩跌，23個交易日以來，台指選擇權每日獲利多在新台幣5000元～2萬元。（獲利已超過30萬） 2.認為反彈作多搶短（Buy call還攤平加碼）——在2006年6月8日指數當日開盤6525點。當日因美股上揚，認為負乖離率過大底部已近，大舉增加持股部位，為平日3倍之多，6512點進場作多，結果盤勢大跌，居然持續作多攤平，收盤台指期貨6211（下跌360點），由於太有自信沒設停損，以致遭受重大損失。	損益： 單日合計虧損新台幣62.3萬元。 原因： 事後陳大元的心得是「此刻不願賠，就等著賠大錢」，真是好貴的一堂課。

📊 圖：陳大元最失敗案例（作多台指選擇權，由7500下殺到6200點，不認賠再加碼）

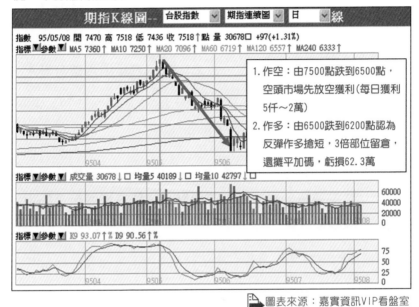

1. 作空：由7500點跌到6500點，空頭市場先放空獲利（每日獲利5仟～2萬）
2. 作多：由6500跌到6200點認為反彈作多搶短，3倍部位留倉，還攤平加碼，虧損62.3萬

📑 圖表來源：嘉實資訊VIP看盤室

■■ 台選擇權當日走勢高低點操作法

要先找出當天到底是做CALL還是PUT的單，日均線常常是作空的圖，但5分鐘K線卻是作多，這時還是要作多，而且做選擇權是有法則的，以台指期貨買權、履約價7400點CALL為例，可以把選擇權走勢當作K線圖，但要遵守以下兩個法則（以下都以Buy call加碼）：

法則一、進場點——前低點不破買進，加碼一次為限

第一次出現低點91點（詳見下圖）陳大元以2011年9月21日履約價7400買權為例，其實不確定91點是否是低點可以承接，因為要第二次下殺才會得知，後來出現74點（因沒破71點），就以74點為低點（但實際成交很難到74點，成交到76點，下圖A點），萬一根本沒來，91點以下就要追價了。

法則二、停損以買進點數計算（見表二停損停利點數計算），在權利金虧損或跌破支撐點，停利在當時最高點出現後回檔計算

像這次76點買進後，會有兩個結果：

第一種：沒有漲上去又立即下殺，停損點會在76－10＝66點附近（這是陳大元自設的停損，見表三），如果不認輸還想加碼，66點附近再加碼一次（每次可以5口、10口、20口為單位加碼），如果再跌，66－10＝56點務必認賠出場。

第二種：漲上去了，結果漲到124點下殺，心中盤算跌15點停損，停利點會在124－15＝109點附近，如果沒有下殺一直急漲，可能會賣到150點甚至200點也不一定。

另外，關於停利後可否追價：

下圖B點：當然可以，突破前高就可以追價。因為突破124

點（前波高點），陳大元就追價，但它跑太快了，像這次他就買在132點，成本墊太高了，為何呢？因為這表示強力買盤進場。同樣的142點兩次沒過，他立即平倉，但理論上應該平在142－15＝127點，陳大元知道它會拉回，卻還沒到127點就先平倉了，後來平在128點（成本132點），這次認栽了，虧錢了。

下圖C點：隨後突破前高142點，陳大元就買進成交在145點，這次高點出現194點拉回，停利應該出在194－15＝179點，但他慢了點，出在175點，也是不錯。最後盤殺下去了（下圖D點），雖然兩次都有到157點，但盤勢下殺陳大元沒有搶，因為尾盤不想再追價了，後來隨即跌破。

圖：操作台指選擇權圖表

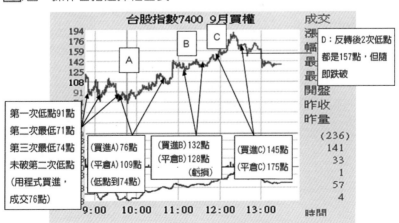

圖表來源：嘉實資訊VIP看盤室

📷 表二、陳大元操作台指選擇權損益

台指選擇權走勢	進場點	平倉點
下跌趨勢 第一次出現低點91點，但反彈跌破91點後出現第一次低點74點反彈。	未確認低點不進場	無
上漲趨勢 第二次出現低點74點	買進A A.不破前低74點反彈買進7400點/buy CALL 20口/成交均價76點	平倉A（停利） 波段高點124點回檔15點，109點將A停利平倉，獲利每口33點（76點買進），獲利3.3萬結果一平倉又馬上漲上去。
上漲趨勢 突破前高125點	買進B 7400點/buy CALL 20口/成交均價132點（拉上去速度很快）	平倉B（停利） 142點高點兩次未過，因速度過快，拉回128點平倉虧損4000元。
上漲趨勢 突破前高142點	買進C 7400點/buy CALL 20口/成交145點	平倉C（停利） 波段高點194點回檔15點，179點將C設立停利平倉，但後來實際成交價均價175點，獲利每口30點（145點買進），獲利3萬元，結果一平倉又跌下去。
下跌趨勢 第一次出現低點157點，第二次又157點，但反彈跌破低點。	D.未確認低點不進場，且已尾盤。	無

表三、陳大元操作台指選擇權買方停損點（停利點）方式

權利金	停損	備註
100點以下	10點	一律10點，如90點買進跌到80點停損，但如果漲到新高107點，回跌到97點立即停利（成本90點，賣出還獲利7點）。
101點～200點	15～20點	最大到20點停損，多5點是一個緩衝。
201點～300點	25點	通常201點以上都會考慮獲利了結，因獲利多半超過50%。
301點以上	30點	通常201點以上都會考慮獲利了結，因獲利多半超過50%

✿ 備註

停利點以漲上去最高點扣掉停損點，如76點買進漲到124點（最高點），扣除15點，停利點就在109點，如漲到220點，扣除25點，停利就在195點，以此類推。

▢ 檢討與建議（所有方式僅供參考）

以上的方法有三大盲點

第一點、「盤整盤」必定虧損

例如台指期貨一天上下區間點不到50點（期指小漲小跌），台指選擇權多數履約價當天走勢也會沒有行情，操作再厲害的人也一定會在台指選擇權損失。

第二點、隱含波動率突然降低

無論buy CALL或是buy PUT如果隱含波動率變低，當日走勢就不會有急漲的狀況，甚至CALL和PUT可能買方雙邊都下跌，賣

方會得利。用這方式下單虧損機會很大，除非出現大行情才會獲利。

第三點、多空方向的確立

如果你在buy CALL結果台指期貨下跌，當日CALL走勢也一定會下跌，你得立即停損，因為這表示你做錯方向。如果確立是空方主導，你要追buy PUT權利金，而非本例buy CALL。

很多時候你會很後悔，因為你遵守法則buy CALL停損或停利後盤勢又漲上去，會感到痛徹心扉，筆者曾經在台指期貨3800點，將近月履約價4200點時buy CALL 10口，權利金82點（當時台指期4000點附近買的），因跌太多執行停損，後一小時台指期漲到4000點。當時不懂這套法寶，最後眼睜睜看台指期一週後漲到5000點，權利金漲到980點之多，超過12倍。當時真的很可惜，如果照這方式追價，應該可以賺到300～500點甚至更多。停利的重要性不比停損的重要性低，如果你有自己的方式，是贏少輸多但結果卻一樣能獲利的方法，可以多利用你自己的紀律和原則！

贏家語錄

操作期貨能得到最高利潤的方法是，必須資金管理和停損並重及跟隨趨勢，而非只放在趨勢的猜測準確度上。

運用統計數據獲利3000萬的數學碩士

筆者的摯友蘇總（46歲，清大數學碩士），現在是一家高級精品公司台灣總代理的台灣區總經理，海軍陸戰隊第478梯次退伍，年薪超過200萬元（本文皆以新台幣計價）。1995年他剛投入股市，每天看電視解盤，加入第四台投顧老師的會員，花了20萬會員費卻沒有賺到錢，一直有種被欺騙的感覺，直到認識筆者後才真正瞭解第四台老師的技倆。他在做台指期貨不久後也運氣不好，兩顆子彈（陳水扁遭槍擊）事件讓他兩天內幾乎賠光100萬的資金，他跟筆者說他姓蘇所以常會輸，還是跟以前秦王姓贏比較好（秦始皇嬴政並非姓贏，這是飯後玩笑話）。後來他運用他自己的統計方式，用不到300萬元，在台灣期貨市場賺進3000多萬，筆者笑著說你果然贏了，以下是經他同意後跟大家分享心得：

■■ 試單是很重要的策略

蘇總常利用小台指（小台指每點50元，台指期貨又稱大台指，每點200元）測試多空看法是否正確，當行情多空不明，站在風險的角度上，他會用小台指來測試一下。他認為試單好比是作戰的哨兵般重要，如果資訊錯誤往往導致全軍覆沒。假設盤勢

強勢卻沒上漲（如前晚美股道瓊大漲1%以上，台股卻小漲甚至開低），此時蘇總會先作空2、3口小台指，如盤勢再破低就開始作空大台指，或者弱勢拉回卻不破低點（有支撐出現），則開始作多，甚至改做大台指。過去10年平均台指期貨一年中只有三個月有大行情，他強調：「只要確認抓到大行情，獲利就相當可觀。」

■■ 不貪心有攻有守

在台指期貨賺300點就算是一個成功的大波段，如果當天賺50點～100點，或者當天有賺或賠到20～30萬以上，蘇總會停止下單，除了尊重趨勢順勢操作，並做避險以防行情看錯外，守住利潤是很重要的。像2007年下半年因為美國次級房貸事件全球大跌，這種利空蘇總幾乎都是作空台指期貨，當時他判斷這樣的消息面一定會對美國股市造成嚴重的影響（原因是美國總公司的精品業績大幅下滑），進而導致台股大跌。通常他是靠20次賺錢累積獲利100萬，來彌補10次虧損50萬，能在市場這樣從容才是贏家。因為重大事件經統計一定是長空格局，要以空單為主。

◨ 統計一、統計政治和經濟等重大事件對台指期貨影響

很多人認為基本面對指數影響很大，經蘇總多次實戰經驗，影響台灣最大的長線因素是資金外流的籌碼問題，而短線因素

是政治議題，所以基本面對台指期貨並不明顯。就如同2000年
（見表一）陳水扁就任，台股指數由10000點跌到3400點，當時
資金大量匯出（算是信心問題），造成股市崩跌，政治因素導致
股市大跌其實只是開頭影響而已。而2007年美國次級房貸造成
台股跌幅居冠也是因台灣經濟轉弱問題，當時蘇總認為沒有相當
跌幅不會停止，所以每天放空但不留倉，政治面是短暫的，經濟
面才是長期的。

表一、蘇總操作台指選擇權於一邊一國事件損益

	台指期貨	操作策略	損益
2002/8/2(週五)週六陳水扁提出一邊一國論	4900點附近	無部位	無
2002/8/5(週一，第一交易日)	4576點 （跌停，-344點）	成本：權利金140點 Buy CALL/履約價4600點/權利金140點/40口	無
2002/8/6(週二，第二交易日)	出現本波最低點4471點，收盤4530點。	收盤：權利金133點 Buy CALL/履約價4600點/權利金133點/40口	每口虧損7點(損益133－140點＝7點)
2002/8/14	4847點 （已上漲270點）	平倉：250點	權利金漲到250點附近平倉，損益＝(250－140)×50元×40口＝22萬元

備註

以上未含手續費與期交稅，當時選擇權手續費每口約NT300元
（單邊），是現在的10倍之多。

實例：2002年8月2日「政治」
陳水扁提出一邊一國論（見表一）

當天是週六下午陳總統提出這震撼性的兩岸政治議題，下午蘇總打給筆者討論下週一盤勢因應之道，當天剛好筆者跟《自由時報》記者陳小姐剛通完電話（筆者是專欄作家），因上週五指數收在4900點，筆者就估計說大概跌500點吧！（後來有寫在報紙上）

這跌幅大約10%，蘇總問我為何？我跟他說應該跌幅不會像1999年李登輝總統提出兩國論那麼大（當時由8000點跌到5422點），加上已經在5000點之下，應該最多跌到4400～4500點，他問我要作哪項商品比較好，我說台指選擇權買權，買在履約價4500點附近，萬一猜錯了，跌到4000點或更低表示我預測錯誤，那就讓權利金虧光吧！蘇總很認同筆者看法，2002年8月5日（週一）開盤果然台指期貨跌停板（開盤4747點，收盤4576點，－344點跌停板），價平履約價4600點CALL權證大跌，我跟蘇總都買了數10口在140點附近。2002年8月5日（週二）收4530點（最低4482點）就展開反彈，一週後漲回4900點，我們在4700～4800點已經出場，獲利都有20～30萬。後來蘇總便非常相信統計圖表，也是因為這次危機讓他深信在台灣政治事件對台指期貨的影響是短期的，利空反映後就會漲。

表二、台股指數期貨推出大約10年（1997.9推出至今），統計出一個空頭格局的紀錄

時間	事件	當日跌幅	一週漲跌幅	一個月漲跌幅
1999/7/9	政治・李登輝提出兩國論	-1.0%	-13.35%	-17.8%
1999/9/21	天災・台灣921大地震（50年來最大）	-2.7%	-1%	-1.4%
2000/3/19	政治・民進黨第一次贏得總統大選	-2.6%	+8.2%	+6.2%
2001/9/11	危機・美國911恐怖事件（賓拉登）	-5.4%	-9.5%	-9.3%
2002/8/3	政治・陳水扁提出一邊一國論	-6.99%	-1.4%	-6.8%
2004/3/20	政治・民進黨第二次贏得總統大選（兩顆子彈）	-7%	-10%	-0.25
2004/4/27	經濟・中國實施第一次宏觀調控	-1.1%	-6.9%	-9.8%
2006/8/2	政治・施明德提出罷免執政最高領導人案（紅衫軍）	-3.3%	-2.9%	+6.5%
2007/2/27	經濟・中國股市重挫	-3.3%	-8.7%	-0.1%

結論

只要出現政治或經濟影響事件，先空就對了！蘇總幾乎無役不與，有時利空很短就結束（多半2～3個交易日），有時因經濟因素就很久，長期下來是贏多輸少。

統計二、正逆價差不可以作為多空操作依據

蘇總過去以正逆價差方式做單，結果並沒有佔到便宜，多空無明顯損益。也就是在正價差出現時作多，逆價差出現時作空，以表三來說，他參與了第二波段到第五波段的正逆價差，試單都以台指期貨來做，結果五次下來損益不到50萬元，他說正逆價差統計應該是無效的。

結論

正逆價差的出現和書本結論（正價差顯示期貨市場看多，要作多，逆價差顯示期貨市場看空，要作空）並不相同，反而往往是結果相反，以上述歷史例子6次中，3次虧損3次獲利，尤其是正逆價差月大的時候更要留意。

表三、台指期貨歷年來大波段漲跌正逆價差一覽表

波段高低點/正逆價差	實際案例	以價差判斷多空損益
第一波段 盤整後上漲出現正價差	盤整點：1999年9月由7500-8000點盤整約3個月（最大正價差242點）。 波段高點：2000年6月攻上10000點，上漲約2500點。 價差：該波段中70%為正價差（60點～242點間）。	因持續正價差作多而大幅獲利。
第二波段 波段低點出現逆價差	波段低點：2001年9月收盤3427起漲（逆價差164點）。 波段高點：隨後指數大幅反彈到6484點，上漲約3000點。 價差：該波段中80%為逆價差。	因持續逆價差放空而大幅損失。
第三波段 波段高點出現正價差	波段高點：2004年3月1日波段高點7312起跌（正價差131點）。 波段低點：2004年6月30日指數跌到5655，下跌約1657點。 價差：該波段中約80%為正價差。	因持續正價差作多而大幅虧損。
第四波段 波段低點出現正價差	波段低點：2005年10月28日收盤5660起漲（正價差27點）。 波段高點：指數漲到6780點，上漲約1120點。 價差：該波段中80%為正價差。	因持續正價差作多而大幅獲利。
第五波段 波段低點出現逆價差	波段低點：2006年7月21日收盤6292起漲（逆價差128點）。 波段高點：最高來到8000點，共漲約1708點。 價差：該波段中70%為逆價差（漲到7600點後才轉正價差）。	因持續逆價差放空而大幅損失。
第六波段 波段低點出現逆價差	波段低點：2007年3月5日收盤7285點起漲（逆價差59點）。 波段高點：2007年6月20日最高8816點，共漲1531點。 價差：該波段中80%為逆價差。	因持續逆價差放空而大幅損失。

▉▉ 統計區間關卡的壓力支撐（盤整也能獲利）

以過去經驗顯示，在台指期貨遇到重大整數關卡，通常會來回測試（但也有例外）。光是2007年7月後就有三次時間超過10個交易日，通常較大壓力或是支撐，絕對不可能一兩個交易日就突破或跌破該整數關卡，所以他自創「區間理論」，就是在壓力或支撐點上下高點放空、低點作多的法則。如下圖的第一次跟第二次以9000點上下250點為震盪區間，如8750點作多單，9250點作空單，但仍要視當天狀況而定。上下300點算是極限點，如8700點～9300點突破或跌破認賠，最多大約損失70點。

圖中第三次當時抓到9500～9800點為區間，合計三次波段盤整進出127次，平均每個交易日大約3次，累積虧損次數44次，獲利次數高達83次，盈虧互抵金額為獲利612萬元，每次大約獲利4.8萬元（以每次100口計算，平均獲利才2.4點/口，其實算很短線）。停損和停利都設在50點上下為原則。但是這種機會不是每次都有，先前7000點，因為突破太快，曾被修理過，損失70多萬，所以還是要等待機會不可躁進。

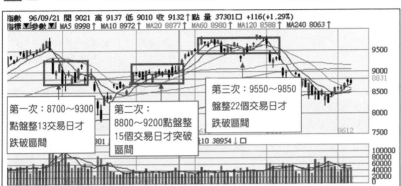

圖：2007/7～2007/12台指期貨在9000～9500點盤整圖

第一次：8700～9300點盤整13交易日才跌破區間

第二次：8800～9200點盤整15個交易日才突破區間

第三次：9550～9850盤整22個交易日才跌破區間

圖表來源：嘉實資訊VIP看盤室

備註

圖中最高點指數位置曾有三次都超過9800點，這種波段盤整筆者有用程式交易做過，多數還是虧損，蘇總後來在台指選擇權又試過，結果敗陣，顯示盤整的部位真的不易獲利。

📊 表四、蘇總期貨操作心法（電子期貨）

項目	操作心法	操作電子期貨實例（以下新台幣計算）
多空策略	跟著趨勢，多頭市場絕不作空，空頭市場絕不作多。	心中無指數只有漲跌，曾經由2007年3月5日低點303.3點上漲到最高點411.0點（約5個月），漲幅高達35.5%，獲利約800萬。期間因指數持續上漲，都是多單，只有短多或長多的單交替進場。
資金充裕	資金需有適當配置，預留資金是重點。	手上期貨總部位約1500萬，在電子期貨最大部位約500萬（同時期有其他商品期貨單），約有1500萬元隨時可以機動調整，以應付突發狀況（如期交所突然提高保證金仍能安然度過）。
技術線圖	1. 中長線：月線、季線、半年線等研判（需先瞭解壓力和支撐位置）。 2. 短線：K線的5分、10分配合KD、RSI、MACD（3個技術指標只要有2個同向就以此為多空方向）。	進場部位當沖和長線並行，每日研讀資訊，搜集20份以上國內外資訊，以該波段子指數411點下跌到326點，短線技術指標完全都是偏空，他也持續在此放空約20口電子期貨，但因盤勢跌幅過大隨時可能反彈，留倉部位為下單25%，也賺了200多萬。
執行力強	壓力點突破便大幅進場，破支撐全部砍倉，執行停損比停利重要，第一時間要能做出決定。	在美國FED無預警調降重貼現率2碼後，全球股市大幅上揚，帶動電子期貨才破底翻大漲，突破預設目標壓力點後，立刻將空單停損（認賠約400萬），而且翻空為多。事後證明果然正確，不但將損失彌補，還小幅獲利100多萬。

✪ 備註

蘇總始終認為電子期貨最能代表台灣指數。

贏家語錄

期貨市場上放諸四海皆準的真理是：強者不說；說者不強。

價差交易賺到數千萬的高手

案例背景

　　除了專業期貨公司程式交易外，筆者在業界鮮少遇到價差交易能獲利者，但筆者的某位客戶鄭先生就是此方面的佼佼者（一個40多歲常穿拖鞋、頭髮微禿、愛吃路邊攤的人，你很難想像他是指數期貨大戶跟高手），他的資金部位就價差來說約4000萬元，最高單月獲利曾高達數百萬，他常跟筆者說價差交易除了各種程式交易輔助工具外，他也常憑直覺做單，舉例來說，他常利用台指期TAIMEX（以下稱台指期）與摩台期SIMEX（以下稱摩台期）相關性極高的特性，當兩者價格走勢偏離常軌時，進場去做一買（賣）一賣（買）台指期與摩台期之交易動作。為何用這兩個當作主要價差交易工具呢？因為國內投資人和法人主要以台指期貨為主，但是外資對於摩台期卻是長期投資，而外資的主戰場在台灣證券市場的現貨部位也超過台股市值3成以上，所以常會有價差交易獲利的機會出現，他在此方面已是操作高手。

過|去|英|雄|史

案例一、最成功台指期貨TAIMEX和摩台期SIMEX價差交易實例

　　他跟筆者講了一個實例（詳見表一），2006.7.24他認為台指期殺到6200點附近應該是低點（後來由6200點一路漲到最高9807點），當時他發現台指期逆價差過大（-2.04%），摩台指反而比較理性（逆價差僅為-0.68%，顯示國內投資人認賠賣出造成台指期逆價差過大），加上因當時外資都在買超現貨部位，考量風險，他進場價差交易而非單邊作多（事後他發現單邊作多期指獲利將是該次下單3倍以上，但相對風險也更大），短短3個交易日獲利高達146萬元。

　　📊 表一、2006.7.24～2006.7.26台指期貨TAIMEX和摩台期SIMEX價差交易實例。

進出場日期	價差百分比	兩者價差狀況	策略及損益
2006.7.24（進場）	台指期價差為-2.04%，摩台期價差為-0.68%。	摩台期價差值高過台指期，價差為+1.36%。	鄭先生7.24賣出摩台期，買進台指期（買低賣高），7.31因價差收斂（由+1.36%變成-0.01%），平倉後獲利約146萬。
2006.7.26（平倉）	台指期價差為-0.07%，摩台期價差為-0.08%。	摩台期價差值反變成低於台指期，價差為-0.01%。	

⊗ 備註

1. 以上扣除期交稅及手續費，台指期貨TAIMEX和摩台指SIMEX必須以契約值計算比例，當時程式算出摩台期契約值／台指

期契約值＝0.7543，所以鄭先生以4口摩台期約等於3口台指期之契約價值下單。

2. 由於台指期貨TAIMEX和摩台指SIMEX兩市場非相同市場，價差交易保證金無法抵減。

3. 此次價差交易獲利原因是台指期貨獲利的部份超過摩台指虧損的部位（因買進台指期貨，台指期貨價差由-2.04%變成-0.07%），如果台指期貨獲利部份還小於摩台指虧損就會造成損失，所以價差交易並非沒有風險，但絕對比單邊作多空的風險低。

案例二、最失敗的電子期貨和金融期貨價差交易案例

價差交易可以有效降低風險，但並不是不會虧損。如下表，當時台指期貨指數位置是有下跌趨勢，但因為盤勢仍不穩，鄭先生認為電子期貨仍是主流，金融期貨是配角。由於資金部位越來越大，單一賣出電子期貨風險很高，但是因為金融期貨沒有跟電子期貨同步，所以虧損很高（合計高達88萬），3個交易日內電子期貨突然大漲，金融期貨根本沒漲，所以沒有避到風險，如果是電子大跌、金融小跌那就好了。

📷 表二、最失敗的電子期貨和金融期貨價差交易一覽表

	2006年12月電子期貨	2006年12月金融期貨	損益
2006.11.23 (進場)	賣出313.2點	買進1005.2點	
2006.11.27 (平倉)	買進325.5點	賣出1010.4點	
點數	虧損12.3點	獲利5.2點	
金額	虧損49200	獲利5200	虧損44000元 (每口)

⊘ 備註

電子期貨損益＝（325.5點－313.2點）*4000元/點
        ＝49200元（虧損）

金融期貨損益＝（1005.2點－1010.4點）*1000元/點
        ＝-5200（獲利）

合計＝（49200－5200）*20＝880000（20口虧損）

■■ 檢討與建議

　　鄭先生說2000～2003年期間乃價差交易最盛行的時候，因為當時市場缺乏效率，所以價差獲利機會非常高，幾乎進場必賺，而且他常常進場一小時就可以賺幾十萬。他說價差交易很多是憑感覺在做，程式和工具只是輔助。現在他獲利和虧損的比例大約是55：45，勝率並不高。鄭先生還表示，價差交易若要成功，部位要大（至少2000萬以上，這樣即使只有0.3%報酬率也才有賺頭）、進出場速度要快（最好不要留倉超過3個交易日，

否則價差容易生變，由賺變賠），還有就是執行力要強（進出場要確實執行，確實停損、停利）。多年來他靠價差交易賺進大約4000萬資金（總資金超過1億），已經有中國期貨業人士開出年薪千萬以上的條件，邀請他到對岸為即將推出的滬深300指數期貨操盤，筆者相信未來鄭先生一定能成為中國期市的先鋒。

鄭先生說，價差交易最重要的就是「時機」和「成本」，到了2008年後，隨著成交量放大，程式交易充斥，價差交易已經很難獲利了。筆者以前是賺多賠少，即使成功次數低，還是可以獲利，但現在是成功次數低、獲利也低，都是虧錢居多，幾乎已經退出江湖，只有偶爾做做當沖。

贏家語錄

在期貨世界中，多注意讓虧損減少，獲利自然會自己越來越大。

買入深度價外選擇權——用1萬元賺到1600萬的超級高手

台指期貨（以下簡稱台指）自2006年7月6200點附近漲到2007年5月的8000點附近整理，第一階段已經上漲1800點，第二階段再由2007/5/17（契約200706第一交易日）由8000點附近起漲，至2007/7/19（契約200707）結算9459點，總計再上漲約1500點，其中48個交易日中只有16個交易日收黑，也就是2/3交易日都是收紅，並且只有5次是連續2個交易日都下跌，而且最多才跌110點，多頭格局非常明確。這段期間創造出很多新里程碑，如成交量創下當時73073口歷史大量，未平倉也創下64286口天量，但多數投資人卻是虧損連連，因為幾乎沒人相信台指會一直上漲，大家都認為會回跌，尤其第二次上漲即使到9200～9500點都還是持續放空。筆者身邊只有李小姐在此波段大賺，她也是筆者看過在最短時間獲利倍數最高的客戶，只能說她是不會做台指選擇權反而賺大錢的人。

■■ 2個月用1萬元賺到800萬的高手

筆者有位客戶李小姐（年約27歲，大學畢業），由於年輕貌美在某大銀行擔任理專，我們都稱她貂蟬。她喜歡操作風險極高的商品，當時8000點時她跟筆者說看好這波會在兩個月內上萬

點，遂選擇權以小博大就成了她的首選商品。買進深度價外的台指選擇權，由於台指期後來上漲1500點，短短兩個月獲利竟高達800萬！尤其第二次上漲筆者還勸她保守，有獲利就先入袋為安，因筆者看過太多賺上百萬甚至千萬但最後歸零的客戶，但結果真是讓筆者開了眼界（見表一）。

表一、李小姐兩次投資台指選擇權一覽表

指數買賣位置	買賣商品方式（台指選擇權）	資金成本	平倉後資金部位
第一次： 台指期8000點附近買進台指選擇權，漲到8800點賣出，期貨該月上漲800點。	台指選擇權契約200706，買進履約價8800點買權，深度價外9檔。	1萬元（最初成本）	該履約價最高漲到144點，平倉均價約24點出場（價格波動很大），獲利超過80萬。
第二次： 台指期8700點買進台指選擇權，9400點附近賣出，期貨該月上漲700點。	台指選擇權買進契約200707，買權履約價9500點（深度價外8檔）。	40萬元（由第一次獲利80萬再拿一半資金買進。）	該履約價最高漲到91點，平倉均價約57點出場（價格波動很大），兩次獲利超過800萬。

備註

以上不含期交稅和手續費，手續費因屬於深度價外，加上她口數大，期貨公司有算很便宜。

圖：李小姐2007/6～2007/7兩個月買進買權盤勢圖

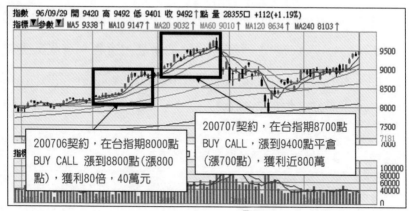

指數 96/09/29 開 9420 高 9492 低 9401 收 9492↑點 28355口 +112(+1.19%)
指標▼參數▼ MA5 9338↑ MA10 9147↑ MA20 9032↑ MA60 9010↑ MA120 8634↑ MA240 8103↑

200707契約，在台指期8700點
BUY CALL，漲到9400點平倉
（漲700點），獲利近800萬

200706契約，在台指期8000點
BUY CALL 漲到8800點（漲800
點），獲利80倍，40萬元

📄圖表來源：嘉實資訊VIP看盤室

▪▪ 後記

❶ 波段奇蹟，兩個月漲超過1500點

剛好那兩個月契約200706和200707連續大漲，由8000點漲到8800點，再由8700點漲到9400點（最高到9500點），且她都買到8檔以上深度價外，權利金非常低，以致她大賺，但這種機率過去10年（2007年起算）不超過3次，我認為她算是運氣很好的。

❷ 守株待兔已久，並非偶發事件

後來我才知道李小姐每個月都會拿1～2萬作近月深度價外的台指選擇權，幾乎都在權利金5點以下，由於成交量不高，她必

須分批下單，這樣的情形已持續1年多，長期下來損失金額高達15萬以上（因為都沒到她買的履約價，權利金都虧光）。這次獲利是她布局已久的果實，並不是運氣好，她只是做了大家都不會去做的事——買入深度價外選擇權，但這就好像買彩券一樣，要中頭獎的機率很低很低。

❸ 放到當月結算前平倉

她每一筆下單都是買最低權利金，等到結算前平倉，所以中間大漲她也不管，不然我們一般人賺個20、30%早就出場，哪可能放到結算前平倉？這也和她平時的個性有關她就是那種放長線釣大魚的人（對理財客戶也是如此）。

▪▪ 後續狀況

這次是她最成功的案例，買深度價外我只能說那是在等超級大波段的運氣，投資人可以每個月拿幾千元試試，但賠光要認輸，不要執迷不悟，輸了也千萬不要怪筆者，就當買樂透吧！

而她的好運氣會長久嗎？我聽說她累積總獲利高達1600多萬，當然這次是她獲利最多的一次。她只做買方，而且是深度價外，所以幾乎沒有大風險（最多賠1～2萬），但所有資金虧損的機率接近100%，以她每個月拿出1萬來計算，她說幾乎都賠，亦即賣方是全賺，但只要遇到一次千點大行情，就全部賺回來了。

　　這案例告訴我們，即使你運氣好，你也不敢買那樣深度價外的履約價，因為虧損的機會非常非常大，就算買了也不會放那麼久，有賺就會走。她獲利1600萬後，因為當時剛好要結婚，就用其中的800萬繳新竹房屋貸款，剩下700萬又拿去作選擇權（100萬給她母親），後來改作價平履約價，口數增大很多，聽說800萬已經虧掉將近60%了。這故事告訴我們，除非賺大錢後你不再做期貨，否則虧回去的機會很高。

贏家語錄

獲利的倉位千萬不要輕易出場，別因見到小反彈、急於逆勢做單而放棄大獲利的機會。

大戶操作──短短12個月獲利20億的港仔

■ 香港面積比台灣小，但可用資金卻超大

當2006年台股還在7000點掙扎、中國上證指數也大幅回檔20%時，港股卻仍在20000點高檔整理。香港不論土地、人口都比臺灣小，但在兩岸三地金融業的部份卻是最突出，雖然說香港近期來很多光環似乎都移到臺灣，但若要比期貨的操作，臺灣的高手雖多，卻都是以小博大，以筆者多年經驗，真正厲害的高手是一次賺10億、20億以上，而非用50萬賺到1000萬或是2000萬的人。為什麼這樣說呢？因為無論是台指選擇權或台指期貨，只要資金大到5000萬或是1億，操作就會變得很困難，策略和成交量都會變成一隻大笨象，活動不方便。港仔是我們對本案例主角的尊稱，他是筆者到目前看過最強、最厲害的高手，據說他的爺爺是香港十大首富之一，他的資金部位也大得驚人，他的期貨部位在某些時候還可以影響行情（例如過去他曾尾盤拉抬金融期指，當天收盤由跌變漲）。如果你以為只要資金夠大就能穩操勝券，那你就錯了，筆者有位客戶操作日經指數，在兩週內虧損超過8000萬，儘管他有幾十億資金還是虧錢，因為趨勢無法改，只有跟著趨勢走才會賺到大錢。以下是他的傳奇故事：

◻ 少做當沖，多做大波段，下單以百口為單位

他以前在公司請了3個小姐幫他接單，當年一個人成交量就可以佔到2～3%（但後來被x大期貨挖走了），據說他在盤中只看三種資訊：

❶ SGX摩台指的每分鐘成交量及正逆價差

SGX是外資的期貨指標，盤中及時注意成交量和正逆價差變化可以較迅速反應，如正價差拉大可能是要上攻的訊號。以2011年台指期貨（未平倉量6萬口，10日均量卻高達10～15萬口）和SGX摩台指（未平倉量18萬口，10日均量6萬口）就可知道，台指期貨都是當沖單，而SGX摩台指才是長期布局，要觀察外資一定要很了解摩台指。港仔對SGX摩台指的資訊已到每家外資盤中進出口數，這是機密，但他就是有辦法得到。

❷ 台灣50成份股進出部位（尤其是前十大）

要觀察到前20大每筆（多少張？甚至時間是在幾點？哪家外資或台灣的公司？）進出的部位，外資在拉權值股時都是以台積電、鴻海等為首要標的，所以如果大單進出通常就是盤勢要動了，但到底是多少才會拉得動？這也難說，因為常常是外資拉了半天，指數卻動也不動，這樣的話就要觀察。港仔會以特定股票進出為台指期多空的參考。

❸ 台指期貨（和SGX摩台指）和電子期貨及金融期貨的價差關係

　　價差的變化可以觀察出兩個指數間的強弱，如摩台指和台指期貨、台指期貨和電子期、電子期和金融期，甚至台指期貨和香港恆生指數期貨等，這在盤中都很重要。當價差擴大就會出現某些訊息，例如台指期貨下跌2.5%，但SGX摩台指卻跌了3%，換算好規格（兩者合約值不同），在其它條件不變的狀況下就可以作價差交易，買進台指期貨（-3%）、作空SGX摩台指（-2.5%），如果口數大又做對，港仔常常在1分鐘內可以獲利台幣數百甚至上千萬呢！

■ 第一個案例（本人親身說法）

　　確認趨勢加碼不停損，台指選擇權結算留倉2.7萬口（對則上天堂，錯則下地獄）

　　散戶要在期貨市場以小博大，說真的1000人大概只有1人能成功，因為這些人的對手就是我們這種大戶或者期貨公司自營商等，他們當然會輸。以2005/11這波來看，臺灣漲勢是整個亞洲股市中敬陪末座的，由於港股大漲，我在香港的香港恆生期貨早就獲利數十億，而由臺灣換算香港的漲幅，台指期大概只有香港恆生期貨的40%，所以我認為臺灣這邊的期指是很有機會大漲的。當時匯了10億台幣，在臺灣最大的期貨公司作單，他們找

一個有新加坡摩台指期貨接單經驗的人當我的交易員，我以台指78%、電子期15%、金融7%的電腦程式比例下單，實務上則是以人工方式下單。

　　我在台指期5500點附近確認漲勢，但其實真正進場都在5800～6000點以上了，我以每日約大台指400口～600口（也曾1000～2000口）的部位下單，在大漲的過程中我是採取順勢下單，幾乎只作多，除非有極大的空單訊號，最多也只是減碼，部位至少都1000口以上留倉，選擇權買進買權我曾經有留到結算高達2.7萬口，該筆單獲利高達2.4億元，也震驚當時期交所的部份長官來關切。一直到8800點附近我全數出場（有部分單到8900點），原因是我判斷當時臺灣根本沒這樣的基本面可以支撐股價（後來最高點到9800點，我還是失算，但最後一段1000點就留給別人賺吧！）。這次我由5億資金（10億只用5億）成本賺到20億（獲利約300%，超過全臺灣單一期貨公司自營部獲利），並給我的交易員分紅500萬，因為他為了接我的單，忙到胃潰瘍，我的部位在盤中千變萬化，平倉的部位跟價位都太快速，連他這樣有經驗的人都來不及下，一般人在這種大行情可能是多單漲300～500點就跑了，甚至還布空單，我的勝率卻高達62%（10次平均6.2次獲利），怎能不贏呢？」

圖：港仔由5500點做到9000點前出場

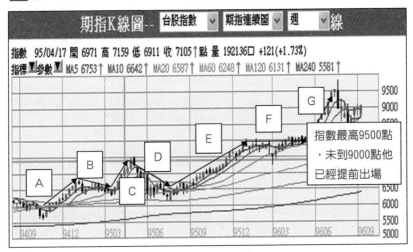

表一、港仔由5500點做到9000點前出場

指數漲跌狀況	盤中策略	該波結算損益
A波段（上漲波，最高漲1300點）：5600點～6800點	加碼，全力作多，每個交易日至少400口不破低點30分鐘線，合計超過5000口。	獲利5.68億
B波段（回檔波，最大500點）：6300點～6800點	加碼，全力作多，每個交易日至少400口～600口。	回檔波（最大500點），虧損1.8億。
C波段（上漲波，最高漲1200點）：6300點～7500點	加碼，全力作多，每個交易日至少大台指400口～600口。	獲利7.64億
D波段（回檔波，最大1400點）：6100點～7500點	減碼多單，逢低承接，但回檔500點後不再加碼，BUY PUT作避險，每個交易日至少大台指400口～1000口	回檔波（最大1400點），虧損3.06億。
E波段（上漲波，最高漲1900點）：6100點～8000點	加碼，全力作多，每個交易日至少400口～1400口大台指，合計8000口。	結算時獲利9.6億
F波段（盤整波）：7200點～8000點	加碼，全力作多，每個交易日至少大台指400口～800口，台指選擇權1000口。	盤整波，虧損1.64億。
G波段（上漲波，1300點）：8500點～9800點	加碼，全力作多，每個交易日至少大台指400口～800口。	8900點前全數獲利了結，（未到結算）獲利3.6億。

◎ 備註

1. 以上大台指和台指選擇權以單邊計算，以新單前會平「舊單」

2. 其實港仔的方式就是永續做趨勢方向，以本例來看他就是無限制作多，偶爾避險，跌再深都作多，因為資金部位大，根本不怕賠錢。

第二個案例（單月進出案例）

圖：2006年5月港仔大戶進出日記（由7500點跌到6100點，一路狂
空不計代價）

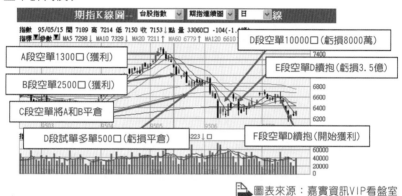

圖表來源：嘉實資訊VIP看盤室

》》 港仔大戶日記（確定波段空頭趨勢就是作空單，而且絕不出場）

1. A段（進場，空單1300口）

   2006/5/9～2006/5/12，3個交易日，高檔7400點上下20點
   附近出現連續黑K棒，2006/5/12當日5日均線（MA5）往下交
   過10日均線（MA10），代表短線空頭結構形成且持續下跌，
   開始放空，盤中持續加碼，跌到7200點附近，布局1300口。

2. B段（下跌波，空單持續獲利）

   2006/5/12～2006/5/19，短短5個交易日，指數來到6900點
   附近（下跌288點），2006/5/22出現長黑K線。但目前短線

上僅能判斷是高點的回檔，建構部位僅1/4（約2500～5000口空單）。

3. C段（盤整，A和B空單獲利部位平倉）

2006/5/23～2006/6/2，共7個交易日盤整（6800點～6900點間），5日均線走平，外資現貨賣超大幅減少，指數也不再破底，KD等技術指標都在低檔徘徊，把空單大舉平倉出場。

4. D段（試單，多單500口）

大跌後出現盤整，試多單，但盤整完出現急跌，遂將多單認賠平倉（虧損平倉）。

5. E段（盤整，續抱空單虧損）

2006/6/5出現長黑K，指數現貨市場爆量，短線空頭趨勢又形成，再空2000口。2006/6/6～2006/6/8，指數再度下跌（6600跌到6200點附近），短期均線5日、10日、月線走跌，然在同時，半年線與年線仍然維持走平，發揮「長均線走平趨勢，保護短線下殺趨勢」的效果，由於長黑K棒出現，空單10000口仍然續抱。

6. F段（盤整，續抱空單虧損）

2006/6/9～2006/6/15，指數不再連續破底，空單陸續出場，KD值也不再破新低，但空單仍續抱，虧損高達3.5億。

7. G段（下跌，續抱空單）

2006/7由6600點跌到6200點，空單開始獲利。

心得分享

整波累計仍虧損3.06億，但對於該波段仍以空單應對，虧損因原是高點（A段和B段）空單太少口，盤整（E段）卻空太多口，以致虧損。

「我用的技術指標高達32種，而且沒有一種指標是我覺得非常可靠、不會出錯的，其實價量之間，自己對盤勢往上或往下要有認知，也就是必須對盤勢『有相當的瞭解』，操作起來便順手得多。如果很確定有1000點以上空頭波段行情，就不要在乎300點或500點的反彈，因為資金足夠，所以能夠撐住，但一般人就沒辦法。如果你還是以為用技術線可以賺大錢，那只能藉由積少成多的方式，亦即利用價差交易或是搶帽客賺當日價差，因為這就是我早期的操作方式，若想要抓到轉折，在臺灣是越來越難，像這次臺灣的盤勢「沒有」因為疾病的問題大幅轉弱就出乎我意料之外。而選擇權在轉折時最好先利用買進買權（假設要反轉大漲）或買進賣權（假設要反轉大跌）測試一下再說，不要馬上做，選擇權最大的好處是運用自如，並且可預防市場巨幅震盪，保護手中資產價值，當大盤走勢不明朗時，仍然可以達到獲利目標。」

■■ 如何進出

主趨勢不變的情況下出現漲多回跌或跌深反彈之處：

1. 在主趨勢向上的走勢中，技術性回檔遇支撐（如月均線），或是回跌到距最近一次上漲高點30%-40%時買進（作多）。

2. 在主趨勢下跌的走勢中，技術性反壓時賣出（或放空），或是反彈到最近一次底部的30%～40%賣出（或放空）。

其實這法則很像黃金切割率，反彈0.382、0.5或0.618則有壓力，至於3～5天就是多空逆向勢力「力竭」時進場，勝算較高。

■■ 利用尾盤作價

根據港仔的交易員說，過去他最喜歡在每日最後15分鐘作價（13:30～13:45，這段時間是現貨已經收盤了），但他跟外資拉（殺）尾盤做結算價方式不太相同，他只做大台指和金融期（其它電子期、台指選擇權都不做），尾盤用量作價，例如以每5～150秒速度下20～50口。舉例來說，其在5年前最成功的一次是由8420點拉抬8460點，當時5分鐘均量只有不到1000口，而他也在最後收盤前全數出清，以多單為例，他下單沒有規律，有價就買，方式如下：

8422（買進20口）、8424（買進24口）、8429（買進

26口）、8431（買進14口）……，到滿足點8460點（賣出32口）、8457點（賣出32口）、8455點（賣出26口）、8456點（賣出26口）……。

用口數來拉抬（或壓低），達成他尾盤大台指獲利20～30點的目標，但以目前來說，5分鐘量幾乎都達3000口以上，因此現在要這樣作是非常困難了！但別小看這20～30點，當口數很大時，獲利也很驚人，尤其金融期成交量極小，拉抬的高低點就會有3%以上價差了。

■■ 作單分長短線

「一般來說，日線甚至週線有趨勢，但5分K線和10分K線也有趨勢，無論作期貨或是選擇權，一定是循當日趨勢作單。以下面兩張圖為例，雖然第一張圖的日線（長線）是空頭趨勢，但第二張圖的5分鐘K線（短線）卻是一路走高，因此實務上我當天還是作多幾百口，雖沒有大賺，但也賺了幾百萬元。（但這僅是當沖特例）

順勢而為就是『不要預測指數高低點』，因為一旦你有自己的看法，你就會作錯單，像明明日線是空頭走勢，你應該要作空，但今天突然反彈150點，如果你作空一定賠，（但這只能短trade，因主力還是要作空單才對）只依照訊號買賣才會賺。」

圖：日線圖（2011年8月到9月短、中、長均線都偏空）

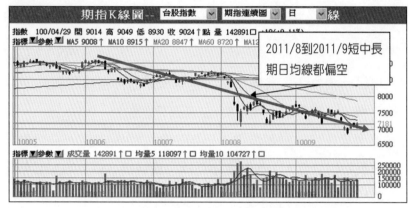

圖表來源：嘉實資訊VIP看盤室

圖：5分鐘K線圖（當日明顯多頭走勢）

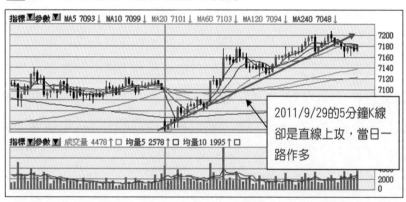

圖表來源：嘉實資訊VIP看盤室

◻ 檢討與建議

》》 港仔大戶三大法則

1. 看對趨勢只作多單或空單（一面倒方式）。

2. 回檔時買進賣權和減碼多單進行避險，當沖單以當日趨勢為主，如空頭市場上漲可短線作多當日平倉，主留空頭留倉。

3. 不破前低（高），每日加碼做多（空）。

假設世界上只有你和比爾蓋茲兩個人，和他玩梭哈（Show Hand）你一定輸，原因很簡單，因為他有無限制的籌碼和資金，可以和你賭到底。其實和港仔對作也有類似的意味，他看對方向就無限制加碼，所以可以賺大錢，但我想一般人是無法像港仔這樣操作的。

贏家語錄

想成為贏家未必要是萬中選一的操盤人，只要具備嚴守紀律特質就可以了。

連續3個月，每月獲利都超過1億的張董事

■■ 台灣60歲期指億元大贏家

　　如果你已經60歲，過去30年的股票征戰，身價超過50億，2001年台灣推出台指期貨，你還會想到期貨市場賺更多嗎？我想多數人會選擇在家休息，因為財富早就十輩子吃不完了，但有人卻不這麼想。張董事家開了一間證券公司（僅1家證券行），是我當時在復華期貨的期貨交易輔助人（IB），還記得某次我們公司80家IB（證券公司）的當月淨損益（80家操作期貨的損益互抵）是8000萬，亦即每家平均該月賺100萬，結果光他們家該月就賺1.6億元，換句話說，79家的淨損益應該是賠8000萬，為此我還被高層主管楊淑清協理找去詢問，說為什麼只有一家賺錢？我也無法回答，因每次都只有他家賺。在當時，期貨市場成交量小，若賠錢多了，通常該證券公司期貨成交量就會萎縮，甚至歸零，我們就會沒業績了，所以損益對我們來說很重要。

　　張董事的兒子是筆者服兵役時的摯友，當時張董事（目前擔任臺灣3家傳統產業上市公司的董事）已逾60歲，但可真是老當益壯，每週除了3天打18洞的高爾夫球外（他平均是75桿，算是

業餘高手），操作全球期貨商品已經8年（但操作股票已超過30年），曾有連續9個月都獲利超過1000萬的紀錄，也曾經在一年內連續3個月都獲利超過1億元，是筆者遇過年紀最大的高手。近期他跟筆者說不再投入期貨操作，因為年紀太大了，換他兒子接手，他要把所有經驗傳給他兒子，把過去的成功經驗跟大家分享。

過去英雄史

🔲↓圖：張董事3個月波段獲利心法

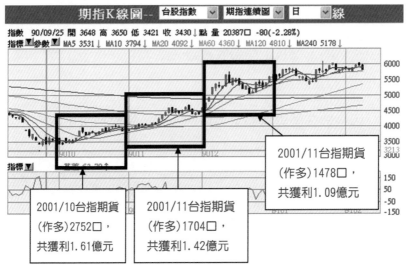

📄↘圖表來源：嘉實資訊VIP看盤室

📊表一、張董3個月波段獲利每月都超過1億元台幣

操作時間	該月損益	當月高低點	操作商品（雙邊）
2001.10	獲利1.61億元	最低點3427點 最高點4054點	台指期貨2752口
2001.11	獲利1.42億元	最低點3840點 最高點4688點	台指期貨1704口
2001.12	獲利1.09億元	最低點4445點 最高點5763點	台指期貨1478口
2002.1	虧損8800萬	5500～6000盤整	台指期貨1028口

第一次波段操作心法（見下圖）

2001.10

1. 盤勢已經開始不再破底，且是台股有史以來的最低點之一。

2. 逆價差由150點以上開始收斂到50點以下。

3. KD在低檔出現黃金交叉。

做法：因指數在歷史低點全力買進多單，進場口數不限。

圖：張董事第一次操作台指期貨波段圖

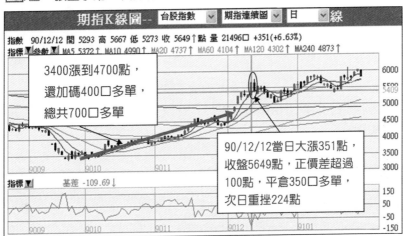

期指K線圖-- 台股指數 期指連續圖 日 線

指數 90/12/12 開 5293 高 5667 低 5273 收 5649↑ 量 21496口 +351(+6.63%)

指標 ▼ 參數 ▼ MA5 5372↑ MA10 4990↑ MA20 4737↑ MA60 4104↑ MA120 4302↑ MA240 4873↑

3400漲到4700點，
還加碼400口多單，
總共700口多單

90/12/12當日大漲351點，
收盤5649點，正價差超過
100點，平倉350口多單，
次日重挫224點

指標 ▼ 基差 -109.69↓

圖表來源：嘉實資訊VIP看盤室

2001.11

1. 指數仍在相對低點4000～4500附近（歷史高點都在8000點以上）。

2. 因為已經漲升一波，技術指標都開始高檔鈍化。

做法：低接作多，留倉口數減為前波50%，注意回檔風險。

2001.12

1. 指數開始高檔震盪回檔，減碼且應先出場。

2. 技術指標由高檔滑落。

3. 正價差過大。

做法：

由於部份多單虧損，採低接當沖，因波段漲幅較大，仍以多單為主，每50點左右區間100～500口，以低掛方式逐步進場。

■■ 2個月台指期由3400漲到4700點，還加碼400口大台指多單

這段時間台指期由底部翻揚，是筆者剛進市場第一年，跟身邊一群朋友在當時不但沒有作多，反而大舉作空（當然損失慘重），不然就是聽到同業的研究員說自己作多賺200點、300點就跑，這些專家都怕賺的錢會賠掉。只有張董事不但沒有出場，3400點漲了1300點到4700點時還加碼400口多單，我知道那天部位時驚訝到不知所措，他已累積超過700口多單，難道他上看6000點還是7000點嗎？後來盤勢果然是一路上揚，很快衝破5000點大關，每天看到他的獲利都是數百萬甚至上千萬增加，總覺得怎會有那麼會賺錢的人？

■■ 大漲2000點，出現正價差100點以上的操作法則

2001/12/12當日由5298上漲到5649點，出現100點正價差，張董將部位一半平倉（平倉350口多單，當時10日均量僅1.9萬口，所以他的量算很大），當時筆者認為依照書本的解釋，出現正價差，期貨仍是看多，看他平倉非常不解，沒想到次交易日果

然大跌224點，因此非常佩服他的神機妙算。後來才知道正價差越大，越容易被法人套利，也才知道他原來早就用數億元股票部位在做套利了。

第二次波段操作（見下圖）

張董事說趨勢不可違，不要隨便猜測底部，因為連政府都猜不到（所以國家安全基金由高點護盤一直跌到4000點），當沖單日獲利1000萬元（2次獲利、2次虧損）。（見表二）

📊圖：張董事當沖操作一覽表

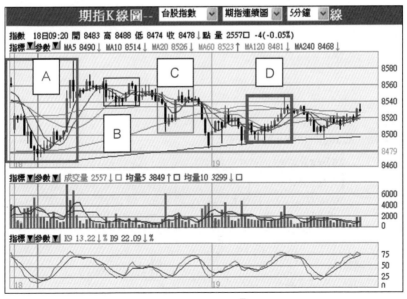

📩圖表來源：嘉實資訊VIP看盤室

📖 表二、張董事當沖操作一覽表

進場點	多空	布局	損益
A.下跌波出現紅K棒	作多	8480點開始持續出現紅K棒，沒有跌破前低點就持續加碼，加碼達588口（平均價格8492點），8500點出現黑K棒暫停加碼，8520拉出長紅K棒，續抱多單。因KD技術線走平，且漲幅已大，再加碼226口，8560～8580附近出現黑K棒，全數出場。	獲利1012萬元
B.盤整出現黑K棒	作空	8548附近作空128口，指數上漲至8560點平倉。	虧損30.7萬元
C.盤整出現黑K棒	作空	8520附近作空288口，指數上漲至8558點平倉。	虧損194.5萬
D.盤整不破低點，出現紅K棒	作多	8506點附近作多348口，指數上漲至8538點平倉。	獲利222.7萬元
合計			獲利1009.5萬元

⊘ 備註

以上不含期交稅和手續費。

第三次操作

📖 圖：張董操作失敗案例（A/B/C）

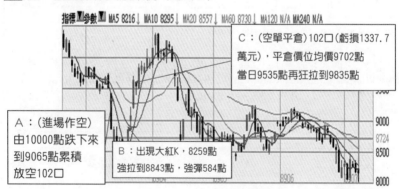

指標 ▼ 參數 ▼ MA5 8216↓ MA10 8295↓ MA20 8557↓ MA60 8730↓ MA120 N/A MA240 N/A

C：（空單平倉）102口（虧損1337.7萬元），平倉價位均價9702點 當日9535點再狂拉到9835點

A：（進場作空）由10000點跌下來到9065點累積放空102口

B：出現大紅K，8259點強拉到8843點，強彈584點

9900
9000
8724
8500
8000

📄 圖表來源：嘉實資訊VIP看盤室

張董事單口被軋500點還拗單（這是他唯一一次未停損而受重大損失）。

》A點（進場作空）

A點是當時第一次萬點下來後的反彈（後來才知這是個M頭左半部），張董開始放空，由於下跌一直沒有破低點，而且紅K棒都很長，一直不敢加空，但看線圖還會往下，所有短、中、長線都是空頭，張董已經陸續空了102口，在B點出現之前，獲利最高達320點。

》B點（當日低點強拉584點）

當日出現出現大紅K，由當時最低點8259點強拉到8843，原本當天就該平倉（其實這波光股票張董已經獲利1億多，也出場了），剛好這時張董去接見其最大的日本客戶，打了一早上的高爾夫球，所以沒有平倉，他的想法是這是迴光返照，沒想到次日突破均線跳空上漲，當時他只空102口，並選擇再等一個交易日，沒想到次日又再跳空上漲。

》C點（認賠出場，每口虧損637點，原先最大獲利曾達320點）

當日9535點再狂拉到最高9835點，102口空單立即平倉，價位均價9702點，原因就是張董已經覺得台指要再上萬點，所以認賠殺出。

共計：虧損1337.7萬元

倒楣——

在停損後10個交易日，台指期又從10300點殺到8000點，當時他專心作股票，反而沒再下空單，他說非常可惜（甚至1年多後台指期跌破3400點）。

犯錯——

他說在技術分析犯了嚴重錯誤，沒想到會是M頭的左邊，而且停損也沒做好，若不是資金雄厚，虧損超過1000萬以上就足以讓一般人永無翻身之地了。

■■ 建議及檢討

張董事的成功法則（本人親身說法）

❶ 期指是大戶的事業

因為我50歲前曾先後擔任過臺灣10家上市上櫃公司董事（都是投資持股的股東，後來剩3家），對我來說，錢在我年輕的時候就賺夠了，其實買賣股票才是我的「主業」，我從不買賣自家（含擔任董事的公司）的股票，所以也不會有內線交易的問題，只是要誠實申報。我曾經買過一檔股票在100元/股時買進5000張，單筆大約是5億，最後在爆量時賺了5億多元出場，但後來該股票又持續大漲，算算如果是最高點出場，至少可以賺8

億多，我千算萬算就是沒算到人為炒作。後來這套我也運用到期指市場，書本寫期指是以小博大，我認為那是錯誤的，想想如果你跟世界首富比爾蓋茲對做，你一定輸，因為他的籌碼根本是無限，所以散戶在期貨市場要獲利實在太難了。

❷ 認賠與否

其實你想做那5％的贏家是很困難的，當我認賠時也是該筆單退出市場的時候，我年紀大了沒時間每天當沖看盤，如果你是散戶，即使你認賠只是延長你輸光的時間，我不認為有人能當沖一直猜對指數，只有指數大波段出現才有賺錢機會，但多數人在大漲卻去放空、大跌卻作多，而且也不認賠，當然會輸。

❸ 放任利潤坐大

我一向是倒金字塔的操作人，也就是無論越漲或越跌，我方向做對時就持續加碼，我敢說一般人絕對做不到，原因是害怕虧光。我的加碼方式是大約間隔300點以上才會加碼（例如4000點買進100口，4300～4500點再買300口），如果趨勢正確就不用擔心。我有時在加碼時會很情緒化，把錢當作籌碼在押，這十年來反而是因為這樣的高風險而獲利甚大，但這不適合每個人。

❹ NO RULE IS A RULE

我使用的技術指標很簡單，勝率不是很高，但在台股如此混亂時，至少可以降低賠錢的機率。也許每個人的經驗不同，但「絕對不要複製別人的經驗」。期貨市場沒有規律，任何指標都可能會讓你虧光所有資金，我曾經運用我朋友根據四個指標（KD、MACD、威廉指標、RSI）開發的程式（讓他大賺400%）操作，結果先獲利3億後再虧損5億，並非指標出現問題，而是情境不同了。先前之所以能大賺是在電子為主流時，波動較高，指標較有敏感度，後來變成金融股接棒，指標出現鈍化（4個指標都出現誤差），我卻還大舉加碼，當然全軍覆沒。所以切記，期指沒有RULE！

❺ 期指沒有專家

指數是無法預測的，金融海嘯席捲全球，到底指數會從9800點跌到6000點、5000點、4000點或更低，不可能有人猜得到，所以每次有所謂專家出來預測會跌到多少點請各位都不要相信，因為如果他很準，他也不需要做專家，自己賺就夠了。即使像我這種市場老手都常常看錯，如果你沒有把握請不要亂聽信別人，看錯先出場保留實力就好。

張董事盤前準備事項（本人親身説法）

❶ 美股指數走向（道瓊工業指數、NASDAQ指數）

台股受到美國道瓊工業指數和NASDAQ指數影響最大（此為根據兩者相關係數都高達95%判斷，兩大指數在各時間影響程度不同，2007年以道瓊工業指數和台股的相關性最高），2007年美國在經歷次級房貸的風波經濟確定衰退的基本面影響下，放空台股指數及電子指數已經成為我當時的操盤模式，因為道瓊工業指數週線圖在型態學上已經出現M頭或頭肩頂型態（我較為確定時間是在2007年8月中旬，當你看到整個型態的時候大概都已經大跌一大波段，所以要靠預測），而美股的下跌也讓台股跌跌不休，因此反彈都是放空，雖然我也有因反彈上漲而虧錢，但事後都是大幅獲利。除非有大幅反轉的狀況，否則美股向下修正導致台股下跌的看法不變。

❷ 現貨（現貨帶動期指）

A. 成交量及技術線（KD、日均量、日均線）

因技術線已經有很多相關文章，我在這邊講一下現貨成交量。過去兩次台股歷史經驗只要接近萬點或站上萬點，而成交量只要突破單日3000億就要注意可能是頭部出現，上次9807點出現3000億的成交量，因此當第一小時1200億的成交

量一出現，我就警覺到行情可能要結束，當時立即將手上的權值股及漲多IC設計股約3億的股票出清（大約占我當時台股比重82%），台指期貨多單48口也出場約40口（有些單還是賠錢的），事後雖沒去台指期貨放空（9807點一口氣跌到7987點），至少保住大部份獲利，保守估計少虧1～2億。

B. 融資及融券

融券就是放空股票，融資就是借錢來買股票，此為信用交易。我認為這在臺灣已沒有多大參考價值，台股在9807點融資約4200億，跌到7664點減為3200億左右，很多分析師在媒體上發表融資減幅要大於大盤跌幅才會止跌（以本次來說，指數下跌21.8%，融資減少23.8%），基本上我認為融資增減跟大盤無關，但要注意的是，如果融資暴增幅度過大，可能是散戶過度積極進場，表示短線上籌碼太亂，則下跌機會很高。例如本波9300上漲到9800點，融資暴增400多億，我的多單就開始不再那麼積極進場了，後來果然指數高點出現在9800點。附近下跌幅度過大也是因為太多融資而超跌，所以要特別注意融資問題。關於融券，因為牽涉到套利問題（空股票，買期指），在臺灣已經沒有套利空間，資料參考即可。

C. 重要或即時新聞解讀

會影響台股單日盤中急漲或急跌的新聞有兩種，第一種是政治新聞，例如馬英九判決案兩次都出現讓台指期貨3分鐘內大洗上下200點的震撼教育，還有臺灣政府領導人提出對海峽兩岸不利的言論，如「兩國論」及「一邊一國」，隨後盤勢也大跌，根據經驗，這種跌勢通常會持續比較久，所以第一天即使大跌300點也是可以再空（兩國論讓台指期貨跌了2000點以上，但有經濟問題）。第二種是政府政策，像先前只要傳出開放三通的議題，台股都會大漲，但這種反映通常不會超過兩個交易日，原因無它，因為臺灣以電子股為重（市值占75%以上），兩岸三通題材電子股通常不會漲，所以指數上揚有限（但金融利多會讓金融期大漲，這次我重壓金融期貨才大賺）。因此對於新聞分析要很精準，否則不易獲利。

D. 開盤前委買及委賣張數差距

在臺灣現貨市場如果單日總委買張數和總委賣張數差距超過100萬張以上就要留意（舉例1500億成交量來看，總委買張數大約是830萬張，總委賣張數大約800萬張，顯示總買張超過賣張30萬張），表示買方或賣方力道很大。記得在2007/12/17台指期貨當日收盤7749點，結果美股當日晚上又大跌逾200點，次日台指期貨開低7680點，兒子當時說他的

股票被融資斷頭，損失170萬元，當時我也跑去放空，認為一波融資斷頭絕對會讓指數大跌（結果空到當日最低點7677點，真是「太厲害」了），心中盤算著台指期7000點一定會來。到了早上11點後，委買張數突然大幅增加（原先總委賣大於總委買84萬張，變成總委買大於總委賣102萬張），買單湧入結果指數瞬間急拉，我一急只好全部市價平倉，一天損失800多萬，尾盤果然收盤變成7812點（由下跌72點拉到上漲63點），真是給我一個好的教訓，所謂物極必反，空單到極限就是多頭揭竿而起的時候。

後記

張董事現已年逾70歲，去年捐了數億元做慈善，他兒子並沒有繼承他的功力，現在仍在股市奮戰，鮮少操作期貨。

贏家語錄

順著趨勢如同揚帆而去，一路順暢；逆著趨勢好像面對一列快速駛進的列車，阻力極大。

輸家系列

兩年虧損248萬的統計講師張老師(技術指標錯誤)

　　看到標題你可能會想，老師怎麼不去教書而是下期指？這是2002年（民國91年）我在復華期貨發生的事，當時我擔任教育訓練人員，專幫證券公司做期貨專業訓練，當時復華期貨市占率雖不是第一，我負責的證券點（IB，期貨交易輔助人）卻是全國最多，張老師（以下稱James）就是其中一個。他其實是富家子弟，在大專院校擔任講師只是打發時間，由於他是研究統計的（統計碩士），所以對期貨自認有獨到的看法，他說他可以用KD來賺錢，結果沒想到短短兩年時間，虧損達248萬，看起來或許不嚴重，但對一般人來說是輸很大的，這就像溫水煮青蛙，青蛙最後還是會掛。那他到底是怎樣輸的？

■■ 虧損交響曲

▢ 第一交響曲──押滿倉

　　剛開始他上了很多課，幾乎只要聽到有開期貨相關課程就去聽，而第一次下單就是入金70萬，由於他太有把握，結果第一筆就押滿倉，買進5口大台指（當時每口保證金13萬），當天他作

多只是小賠65點收盤，沒想到就虧了6.5萬（200元*5口*65點＝
6.5萬，他當時月薪才5萬左右），我問他怎會買那麼多口?他只
回答我：「要賺就要賺大的，不押滿怎會賺錢？」好吧！要賺大
就得先賠大，後來70萬果然在2週內虧到剩下18萬，他才停止這
樣的下單方式。

🔲 第二交響曲──技術分析的錯誤，太相信5分鐘K線買賣

他用自己模擬的統計程式跑了1年，幾乎都是獲利，並且
「仿真」測試過2個月時間（他用筆記錄，自己進出），發現獲
利機會很高，因此就以5分鐘K線為看盤指標，用KD線做退出指
標，不做台指選擇權只做台指期貨（有時也操作金融期貨跟電子
期貨）。他準備長期抗戰，想要看看自己的東西是否能賺錢，他
的方式如下：

第1點：以近月份指數期貨契約，黃金交叉則買進，死亡交叉則
　　　　賣出。

第2點：只要KD低於20就買進（作多），高於80就賣出（放
　　　　空），每次2～5口。

以上2點出現其一即下單。（買進部位在指標出現放空時同
時平倉，賣出部位也相同。）

每天買賣次數約10～15次，只要遇到買賣點就毫不猶豫進

場，沒想到進場1年多後，竟然累積損失高達200多萬，可以說每個交易日都虧損將近1萬元。他拿他的程式和方法來找筆者，筆者也很吃驚，嚴守紀律竟然還是虧損，但仔細看了他的交易紀錄後發現三件事：

第一、每日虧損的次數大於獲利次數居多

筆者算過他大概虧2次賺1次，大約2/3頻率虧錢、1/3獲利。

第二、虧損的平均金額大於獲利金額

他每次虧損的平均金額大約5000元，但獲利金額不到3000元。

第三、交易次數過度頻繁，導致交易成本過高

他每日平均下單約10～15次，2002年筆者還記得選擇權手續費都300元/口（當時玩的人很少，我每月手續續費至少1～2萬，但也曾下幾十口單，單月賺10多萬過），那時大台指還有人收2000元，期交稅也是比現在高很多倍，每當沖成本高達10-20點（來回），所以當沖很難賺錢，加上他又幾乎猜錯邊，當然虧錢。

📷 表一、JAMES以KD進出原因及價位

	進出原因	進出價格	損失
新部位B1	KD＜10且黃金交叉	作多（買進）大台指 8461點5口	未平倉
平倉S1	KD死亡交叉	平倉8464點	每口獲利3點，5口獲利3000元。
新部位S2	KD死亡交叉	做空8454點5口	未平倉
平倉B2	KD黃金交叉	平倉8460點	每口虧損6點，5口虧損6000元。
新部位B3	KD死亡交叉	作多（買進）8441點	未平倉
平倉S3	KD黃金交叉	平倉8429點	每口虧損12點，5口虧損12000元。

⚙ 備註

1. B1代表買進的第一筆單，S1代表第一筆單平倉。

2. 以5口下單是他的習慣，當時都還是用人工敲單，從他寫單到真正KEY IN下單我算過還要5～10秒，所以又延誤了，當然損失。

3. 以上不算期交稅和手續費。

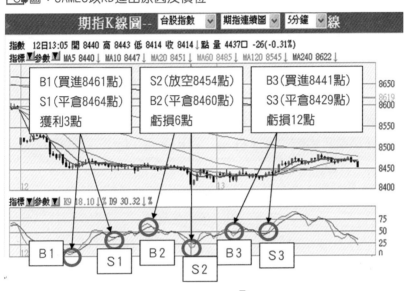

圖：JAMES以KD進出原因及價位

圖表來源：嘉實資訊VIP看盤室

■■ 筆者加油站

到底是籌碼影響價格還是價格影響籌碼？其實價格轉強後KD才交叉向上，反之亦然（但大家都倒果為因），所以看到黃金交叉才買進、死亡交叉才賣出就會虧錢。當上漲行情超過10%甚至20%，則出現頂部的機會大增，但指標常出現鈍化，頭部出現背離就是價格創出新高，但指標卻沒有創出新高，甚至還比前波低，顯示出現2次背離見頭部機率很高，但也有3次以上背離的現象，這代表「台指期貨的漲跌幅遠比技術指標反映還快」，若無

法跟上將導致虧損，例如將要黃金交叉時，價格也來不及成交，
所以會延誤買到高的價格。而跟James一樣用這個技術指標的人
多的是，那到底誰能成交呢？只有系統更好、更快速的人可以賺
錢，James是被系統打敗的。

圖：KD指標背離，造成他虧損連連

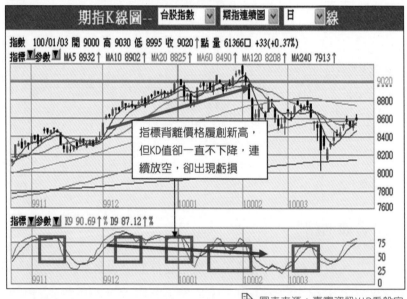

圖表來源：嘉實資訊VIP看盤室

建議

》》用15分鐘K線搭配其它指標

　　筆者建議他將「5分鐘K線」改成「15分鐘K線」，且多加入
各種參考指標（其實中間也測試過10分鐘線及30分鐘線，發現

都不合適,才選15分鐘線),他加入3個指標一起判斷:

1. 相對強弱指標——RSI(以80以上開始作空,20以下開始作多。)

2. 威廉R指標——WMS%R(當%R達80以上開始作空,%R低於20開始作多。)

3. MA(MA15和MA30)

■■ 降低虧損金額和作單次數

後來準確度的確提高,由於時間拉長(15分鐘),每天進出次數降成5～7次,交易成本大幅下降,而且勝率也大幅提高。其實改良後的方式還是繼續虧損一段時間(5個月單月虧損紀錄),但是金額都不大,最多的1個月才虧損24萬,他發現作單不順還停止下單好幾天,後來發現是有臺灣的國安基金(臺灣股市非理性下跌時,政府會用此基金護盤)進場,逆勢操作拉抬股市,但的確也讓他心慌意亂,以為操作方式再度出現問題,所幸最後終於順利找出原因。

各位或許覺得James實在太傻,光用KD判斷進出實在太危險,不過當時台指期貨剛推出不久,真正能用的指標不多,所以不容易成功。James已經是個有策略且守紀律的投資人,最後仍然虧損,雖然後來賺回98萬元,但仍未全部賺回,他最後轉而投

資避險基金，目前已沒有操作台指期貨了。筆者以現在觀點來看這件事，發現技術分析只能參考，因為做下單決策的還是回歸到我們自己，很多人說價格造成KD變動，但筆者倒是認為KD只是「因」，價格反而是「果」，再者，如果光靠技術分析就可以賺大錢，那些技術分析高手早就發財了，您說對嗎？

贏家語錄

操作失敗感到沮喪是人之常情，面對這種時刻的最好方式是暫時停止交易，直到自己恢復樂觀態度為止。

下單連錯6次都停損，第7次不停損賠大錢

案例背景

　　筆者在北市松江路行天宮附近的證券公司演講時，遇到一位投資人江先生（約45歲），他說他是銷售賓士汽車的業務經理，年薪大約200萬，他聽完演講趨前向我詢問停損的觀念，還說他就是聽信講師SGX摩台指要停損，進場連續賠了6次，最後一次沒停損就畢業了，損失達150多萬（7次合計200多萬）。他嚼著檳榔、用台灣國語激動的說：「真是有夠衰！期貨一定是騙人的啦！哪有每次都做錯邊的？以後再也不玩了！」其實當時筆者也是菜鳥，我一時也不知怎麼回答，只想到自己在上個月也跟他一樣遭遇同樣的狀況，還真是同是天涯淪落人啊！

■■ 虧損交響曲

筆者自己的故事

　　2001年9月，我進入期貨業7個月（2001.2.1上班），雖然我是講師，但說真的我自認還是個菜鳥，很不幸的我遇到第一個台指期貨萬點崩盤下來的低點3366點，由於當時我和另一個同事負責全省90個IB，那幾個月我每天都接到證券公司的業務員打來抱怨期貨害他們客戶損失慘重。跌到這裡到底是該買還是該

空？我是學經濟的，看到當時景氣實在很差，我想就學以致用吧！反正萬一錯了再停損就好了，於是我大膽空了3420點小台指1口（每點50元，我後來才知小台指是輸家玩的，因為錢少去做期貨幾乎一定輸），還記得當天是AM11:20空的，我是內勤人員，中午有午休（其它交易室或是業務人員不得休息），於是睡了一下，到了PM1:15我醒來，一看不得了，已經漲到3595點了，我立刻貫徹停損。這筆單虧了超過9000元（還要付期交稅和手續費，我當時企管碩士畢業，但一個月薪資只有3萬元），心痛得不得了，但我不懈怠，發現盤勢突破區間上緣3600點，3615點立即反手作多，沒想到又立即跌到3400附近（竟是假突破），我停損然後又作空，就這樣前後三次（見下圖），都是空在3400點附近、買在3600點附近，一個月薪水就這樣賠光了。說出去被人笑死，每天到全省幫證券營業員和客戶上期貨課的講師，竟然連自己都賠錢。我有想過，如果我繼續睡，3600點不停損，後來台指期從3600點附近又跌回3400點附近，我看到這樣的指數位置可能還以為盤勢根本沒動呢！我相信很多投資人跟我一樣，但這是運氣太差還是我功力不夠？我想兩者都有吧！後來我暫時退出市場觀望，之後突破3600點、一口氣漲到5700點的2000點行情我雖有參與，卻因漲太多不敢進而獲利不多，出現大行情時筆者卻沒有抱波段單的勇氣（每天都怕跌回去），無怪乎當時只能當教育訓練人員，無法成為操盤手。

圖：一週內筆者被當沖停損3次，損失1個月薪水

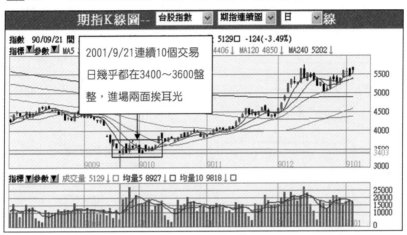

2001/9/21連續10個交易日幾乎都在3400～3600盤整，進場兩面挨耳光

圖表來源：嘉實資訊VIP看盤室

第一交響曲──停損成了惡夢

　　回到正題，江先生是操作SGX摩台指，以3～4大點為停損點（約台指期80～100點），不到2個月連續6次都壓錯邊（這種機率也算很低，算是運氣極差），這6次中有2次他是方向正確，只是因停損出場（例如9000點放空1口，結果漲到9100點，執行停損出場，但後來又反轉到8800點，如不停損反而賺200點），結果第7次他決定不停損，沒想到那次放空後指數單月大漲SGX摩台指25大點（等於台指期點數超過500點），最後又平在最高點，他一次虧掉50多萬，遇到筆者時甚至說要退出市場。筆者認為用此法（停損SGX摩台指3～4點）者多半是沒經驗的投資人，進出點毫無邏輯可言，所以容易損失慘重。

圖：SGX摩台指損失150多萬

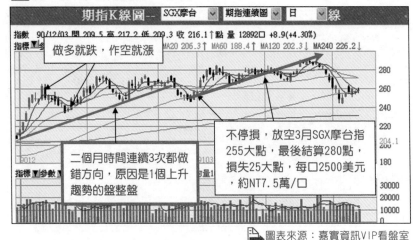

圖表來源：嘉實資訊VIP看盤室

🔲 第二交響曲──喜歡逆勢單進場

　　後來我跟江先生閒聊，他說自己對盤勢有獨到見解，還跟我講了很多股市基本面的東西，我一聽就知道他糟糕了，因為期貨是要用技術分析。後來他的營業員葉襄理也來了，大概是江先生覺得我具有專業知識，經過江先生同意，葉襄理把其過去的對帳單列印給我參考，並且由他口中得知江先生喜歡搶反彈、做逆勢單，尤其是大跌時候喜歡去低接作多，還說他喜歡第一次先下3口，如果下跌到他的價位再下3口攤平，再跌就再下3口，據說光這樣就虧損超過100萬以上（合計虧300萬以上），由表一和上圖就可得知他只想逢低承接，有幾次運氣好，大跌他攤平後就漲上去了，但不是每次運氣都能這麼好，最後當然損失很大。

表一、江先生下單台指期貨一覽表

指數位置	作單原因	作多/作空	平倉/損益
下跌波：台指期由5500點跌到5000點附近。	指數下跌已近500點，研判會反彈，故搶短作多。	A作多台指5088點	平倉：4869點，損失219點。
下跌波：台指期由4800點跌到4500點附近。	指數下跌已近1000點，反彈機率極高，故搶短作多。	B作多台指4564點	平倉：4248點，損失316點。
上漲波：台指期由4000點漲到4600點。	景氣變壞，指數反彈已近350點，回檔機率極高，故搶短放空。	C作空台指4345點	平倉：4527點，損失182點。

✪ 備註

江先生7次虧損的其中3次做台指期貨，損失超過50萬（見表一），SGX摩台指4次合計虧損150多萬（見圖）。

建議及檢討

❶ 頻繁停損必是輸家

　　為何要停損？說白了就是進場後做錯方向，但停損次數一多，仍會元氣大傷，就像電影《劍雨》中的轉輪王被自己部下楊紫瓊砍了11劍，雖然都是小傷，最後還是氣絕身亡，因此如果你是短線交易者，停損當然是必要的。筆者以前遇到一個在政大附近開業的牙醫生，擅長做期貨模組，他停損單設在進場虧損5～10點就出場，本以為用程式交易就可以控制損失，但他停損設太

小了，而進出又太多次，導致根本還沒有趨勢獲利就停損，一天停損超過10次，最後資金還是虧光。頻繁停損代表對市場多空沒有深入研究，像江先生停損6次已經傷得很重了，最後一次沒停損又剛好遇到大行情，當然出場。真正的贏家是要把精力放在研究出正確的趨勢和方向，而非放在如何停損。

❷ 失敗者通常沒有交易策略和紀律

　　江先生還犯了一個最嚴重毛病——沒有自己的交易策略，他不知道自己為何進場，一問都是些無厘頭的理由，例如大盤大跌一定可以買，這根本是送錢給人花。所謂交易策略就是無論進場和出場都需符合自己設定的方式，不可以有感情因素存在，在沒有自己的一套策略前不能進場，否則註定失敗。紀律是必備的心態（單有紀律也常賠錢），交易策略才是獲利的磐石，如果要靠運氣那是不行的。

贏家語錄

期貨趨勢並沒有對與錯之分，事實上，對與錯乃是投資人本身策略判讀。

美國次級房貸大虧損──雙週上沖下洗虧損超過600點（250萬）案例

　　台指期貨一直是個神祕的殺手，多數人台灣投資人卻充滿憧憬，碩棻（29歲，大學畢）就是其中一位。她擔任銀行理財專員，對於理財業務相當熟析，當時也常成為該區域的業績前三名人物。由於這幾年農產品和礦物大漲，但台灣能投資的僅有海外基金和ETF，無法參與這些商品「實際」上漲報酬，她開始注意到各類期貨，並對期貨投資產生濃厚興趣。她對國外期貨開戶和商品下單並不熟悉，她就想先以台指期貨為開端，她也到各處上課求知，更買了許多相關期貨書籍，就這樣她初期投入新台幣300萬操作台指期貨，沒想到短短不到一個月時間，把她2年所得幾乎虧損殆盡。由於多數初學者都是如此，筆者不覺得意外，但她遇到盤勢大洗盤以至於大虧損才是主因。

██ 審判日

　　碩棻憑藉著她在理財的敏感度，在2007年10月美國發生金融海嘯，台指期貨出現最高點9829點的第三個交易日開始，就讓客戶把幾乎全球股票型基金部位開始陸續喊出。當時他和筆者聯絡，「懷疑」這個盤未來走勢，筆者當時認為只是多頭的回檔，不需要太過擔心，但她卻看空而且也作空期指，不過2週

後虧損超過250萬，點數超過600點的損失，這到底是怎麼回事呢？

第一波大多頭：指數多頭氣盛，上萬點的趨勢（搶短放空虧損）

2007年7月指數一路上攻，已經站上9000點，氣氛熱絡，當時幾乎大多數人都認為指數會上萬點，碩棻也不例外。她一路作多，獲利也都不錯，但在七月份的第三次做單受挫，原因就是她做了逆勢單，想賺回檔（表一第三次，2007年7月17日），卻把前兩次獲利虧光，但她仍不認輸，仍努力投入期指市場。

📷 表一、多頭氣盛，指數上萬點

日期	看法	買賣損益
第一次2007/7/6 漲到9142點	看多，深信10000點一定會來。	當日買進：台指期貨15口，9076點 次日平倉：9179點 獲利：30.9萬元（103點／口，共計15口）
第二次2007/7/11 漲到9226點	看多，因10000點會來。	當日買進：台指期貨15口，9226點 次日平倉：9301點 獲利：22.5萬元（75點／口，共計15口）
第三次2007/7/17 漲到9550點	賺回檔，指數漲到9500點應有機會回檔，9502點（放空15口），次日9478點再空15口，次日收盤價9419點。等於是平均價9490點放空30口。	當日賣出：台指期貨30口，9490點（放空） 次日平倉：9630點，虧損84萬元（虧損140點），此次將前兩次獲利虧光。 2日開盤9550點，盤中有拉到9688點，眼看大勢已去，看情勢不對平倉9630點30口。

第二波由多轉空的大空頭：指數由接近萬點開始下殺
（上漲作空，下跌作多）

　　碩棻在指數上漲攻萬點後大跌被修理，據筆者資料顯示，台灣散戶投資人卻放空「一路到底」一面倒走勢，很多投資人為了賺50～100點進場作空（認為漲多必跌），而期間幾乎都沒有較大幅度回檔，且因大漲到9829點，空單投資人死傷慘重（投資人幾乎都是空單，多空比平均1：6）。而此次由9829點大跌1000多點時投資人又逢低承接渴望反彈（投資人幾乎都是多單，多空比平均5：1），屬於多方「一路到底」，這波真的死傷很慘烈，而碩棻也像一般散戶一樣，財富被洗得乾乾淨淨。

圖：碩棻下跌趨勢「上沖下洗」虧損

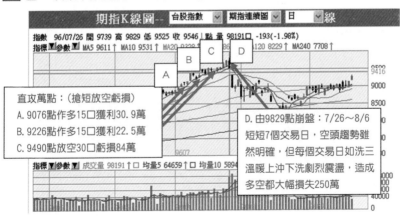

圖表來源：嘉實資訊VIP看盤室

表二、碩菜台指期貨操作損益一覽表（2007/7/25～2007/8/6）

日期／星期	最高點／最低點	指數漲跌狀況	當日最大價差	失敗操作方式（以下保證金為新台幣）
7/25（三）	由最高9755點跌到最低9594點，收盤9739點（高低點達161點）。	盤勢：持續創波段新高9755點	逆價差1點（未擴大）	股市上萬點已成共識，在多位重量級人士出面喊話，留倉多單買進9648點12口。台指期收9739點，帳面獲利21.84萬元（每口獲利91點）。
7/26（四）	由最高9829點跌到最低9525點，收盤9546點（高低點達304點）。	盤勢：見本波高點9829後直接殺低，收盤重挫193點（這是事後才知）。	逆價差20點（未擴大）	台指期貨收盤9546點，續留倉多單原買進9648點共12口，9829點第一天拉回研判只是多頭回檔，帳面上虧損24.48萬元（原獲利21.84萬元變成虧損）。
7/27（五）	由最高9346點跌到最低8981點，收盤8981點（高低點達365點）。	盤勢：直接重挫最大跌幅為565點（當日外資賣超台股現貨624億元，創歷史單日賣超最大量）。	逆價差200點（原20點迅速拉大）	1.續留倉多單：除了買進9648點48口未平倉。2.再加碼多單：買進9060點8口。平均成本：累計20口多單在9295.2點，帳面虧損125.68萬元（收盤8981點）。累積2日虧損每口粗估約15萬（以損失193＋565＝758點計算，當時保證金9萬，損失達15萬／9萬＝167%）。
7/30（一）	由最高9033點跌到最低8860點，收盤8990點（高低點達173點）。	盤勢：1.先小漲 2.再收中黑 3.最後拉收平盤	逆價差85點（原逆價差200點迅速收斂115點）	前日逆價差過大，股民多會以多單進場，但是當日(1)8：45～11：00先拉高上漲50點盤整(2)11：00～13：00再殺低到變成跌121點。(3)13：00後再拉百點收盤為上漲9點。持有多單：因為未達預期上漲200點以上，11：00後指數變成收盤下殺，停損出場8875點20口。每口虧損420.2點，累計已虧損168.08萬元。（原平均成本：累計20口多單在9295.2點）判斷盤面破底，外資大賣超，開始作空，再入金300萬台幣，空單留倉賣出8885點10口。

日期／星期	最高點／最低點	指數漲跌狀況	當日最大價差	失敗操作方式（以下保證金為新台幣）
7/31（二）	由最高9203點跌到最低9008點，收盤9176點（高低點達195點）。	盤勢： 1.先大漲 2.殺為平盤附近 3.最後再拉大漲	逆價差130點（原逆價差85點再拉大）	當日指數狀況： (1) 8：45～10：00先拉高上漲200多點盤整。 (2) 10：00～12：00再殺低到最低僅剩小漲18點。 (3) 12：00後再拉150多點收盤為上漲186點。 空單留倉，賣出8885點10口平倉設停損出場，平倉價9185點，每口虧損200點，已虧損60萬。
8/1（三）	由最高9129點跌到最低8640點，收盤8695點（高低點達489點）。	盤勢： 持續重挫下跌481點。	逆價差250點（原逆價差130點再拉大，史上最大逆價差。）	指數大跌480點，但採取「觀望」，可以如果空單續留將有高報酬率，由高至今下跌9829－8640＝1189點，跌幅很大。
8/2（四）	由最高8939點跌到最低8566點，收盤8888點（高低點達373點）。	盤勢： 1.先大漲 2.再收中黑 3.再拉收上漲百點先拉高為上漲244點再殺低到最低跌129點，最後再拉200餘點，收盤為上漲105點	逆價差70點（原逆價差250點迅速收斂）	盤中8756點只敢作多6口，平倉8880點，每口獲利124點，已獲利14.88萬元。
8/6（一）（8/2後連續3日休假）	由最高9008點跌到最低8767點，也是收盤8767點（高低點達241點）。	盤勢： 1.先開高 2.再殺低 開高後最高漲148點，指數欲振乏力，終場下跌93點。	逆價差95點（原逆價差81點）	盤中追高12口均價8968點，停損8790點，每口虧損178點，已虧損42.72萬元。

⚙ 備註

1. 以上2週累計碩萊已虧損超過新台幣250萬。

   (1) 總損益＝虧損168.08萬元＋虧損60萬元－獲利14.88萬元＋虧損42.72萬元＝虧損255.92萬元（未計入期交稅和手續費）

   (2) 每口虧損點數＝虧損420.2點＋虧損200點－獲利124點＋虧損178點＝虧損674.2點（每口）

2. 風險波動此又分為兩種，小幅和巨幅，根據筆者定義，凡單日高低點達300點或指數4%以上屬於巨幅「上沖下洗」，投資人在此往往會空在低點買在高點（因跌破支撐或突破壓力）而作的部位，然後由於幅度過大加上停損造成當日損失慘重。筆者客戶在這波虧損超過保證金200%以上，被期貨風控部門強制平倉者就高達1000人以上，算是創下最短時間最多人的紀錄。

🔲 建議及檢討

❶ 盤勢多空不明

　　短短二周台指期貨自最高9829點下跌到最低8566點重挫1000餘點，期間逆價差曾高達250點以上（2.5%以上），期間成交量卻持續放大（116485口創當時歷史新高），未平倉僅由最高70534口降為最低47230口，顯示多單散戶打死不退。儘管盤勢持續向下，但因逆價差維持過大，造成指數期貨持續出現先

漲後跌的劇烈震盪（逆價差先收斂上揚再下跌），單日空間動輒300～600點，無論多空單投資人只要沒有在適當時間獲利出場，最後多半變成停損單空遺恨。碩菉會在7個交易日虧損250萬，除了押太多口以外，盤勢多變也是原因。

❷ 遇此種空頭趨勢向下震盪是否應停損？

從9829點崩盤下來，即使是作空，知道出現空頭趨勢，幾乎每天都出現先大漲、再收中黑、再拉收上漲百點，這種劇烈震盪讓投資人無所適從，作多和作空都會損失，因為你如果沒有在上漲時將作多的部位平倉，立刻遭受100點以上損失，作空也是一樣，一日三變的行情像洗三溫暖一樣，即使是老手也難獲利。你可以空單不停損，但這要具有足夠的資金和耐心才辦得到，否則空單當被強拉200～300點時想不停損可能會賠大錢。

在碩菉操作中，有的部位很快停損，有的單卻因認為有機會回升卻不停損，造成損失擴大，這是致命傷害。碩菉出場後久久沒有再做期指，改專心做自己的理財商品了。

贏家語錄

贏家永遠嚴守紀律，保持冷靜的態度，直到往正確趨勢行進的方向為止；而輸家往往沒有紀律可言，心情煩躁隨意出手，直到籌碼輸光為止。

⟳ 逆轉勝系列

遠傳入主中國移動事件──從虧損212萬的單到變成獲利147萬

案例背景

■■ 中國移動入主遠傳，逆轉勝案例（隨機應變才是王道）

凱哥是一個期貨老手，由於趕一個公司案子他已經忙一整天，晚上七點就先入睡在半夜兩點餓醒的凱哥，邊吃邊打開電視才知道台灣遠傳電信被中國移動參股12%的消息。這下他才真正「睡醒」了，原因無他，他研判次交易日將有波大上漲行情，糟糕的是他在這幾天在近月SGX摩台指做了32口空單，他開始冒冷汗，想著明天開盤將有巨額虧損，那到底該如何才反敗為勝呢？（以上是筆者聽凱哥口述的）

一、2009/4/30（第一交易日）：開盤立即將空單平倉（降低損失）

凱哥本來以為台指5600點將有波大回檔，所以沿路放空，沒想到中國移動（中國最大電信公司，客戶超過7億）會和遠傳合作，入股12%，以這樣的氣勢看起來，台指期貨有可能再漲2、3個交易日，波段漲幅可能有800～1000點。因為SGX摩台指

最高單日漲停板高達15%，所以第一交易日開盤就上漲超過10%（台指期貨開盤漲停7%），凱哥發現盤勢量價增強，立即用市價平倉空單，平倉在＋11.5%附近，合計虧損約212萬，這時他心慌意亂，因為虧損實在嚴重。

表一、凱哥操作期貨一覽表

日期	SGX摩台指 當日開盤／收盤	金融期貨 漲跌幅度	台指期貨 漲跌幅度
2009/4/29 （當日知道中國移動入主遠傳消息）	＋0.48%空單留倉32口，平均成本216點附近。	＋1.97%	＋0.72%
2009/4/30 （第一交易日）	開盤＋10.13%（漲幅最大）（最高＋14.9%） 收盤：＋11.87% 開盤立即平倉，平倉在＋11.5%附近，合計虧損212萬。	（＋6.99）漲停（一價到底）收盤644點，成交量889口（10日均量6500口）。	＋6.99%漲停，成交量9.15萬口。
2009/5/4 （第二交易日）	最高＋9.32% 收盤＋5.88% （開高走低收黑K）	＋6.99漲停（漲幅最大）收盤710點，成交量271口（買進金融期或成交50口）。	＋7.00%漲停，成交量7.4萬口（10日均量7.0萬口）。
2009/5/5 （第三交易日）	最高＋1.79% 收盤－1.38%	＋6.98接近漲停（漲幅最大），收盤760點，最高782點，成交量3573口。	＋1.62%
2009/5/6 （第四交易日）	收盤＋0.45%	＋2.26%，（漲幅最大），收盤777.2，但平倉在770點。	收盤（＋0%）平盤。
累積波段漲幅 （4/29-5/6共5個交易日）	＋17.34%	＋25.23%（波段漲幅最大）	＋16.32%

✿ 備註

金融期波段漲幅最大（＋25.23%)顯示最強。

二、2009/5/4（第二交易日）：作多最強的期指（增加獲利機會）

凱哥想作多，SGX摩台指絕非適合，因為當日已經漲超過10%加上有外資籌碼，成交量又大，還是以金融期指為優先考量，因為成交量小，政府手上籌碼集中（不像電子是弱勢期指），但問題是漲停板鎖住，根本買不到。凱哥是在元大期貨下單，沒想到2009/5/4（第二交易日），盤前掛了50口金融期貨竟然漲停板成交（當日成交量僅889口）！據說其他在別家期貨公司的朋友都沒有買到半口，大家齊聲大罵但於事無補，這可能和元大成交量大有關（筆者和元大期貨無任何關係），當日他也在台指選擇權買進近月買權250口和台指期貨多單40口。

三、2009/5/5（第三個交易日）：在漲勢結束前多單出場（賺取獲利）

第三交易日，三大期貨指數累積兩天都已經漲幅超過14%以上，開始劇烈震盪，凱哥也把前一個交易日台指期貨多單和台指選擇權（買進買權）立即平倉出場，但估算了一下幾乎沒有多少獲利（大約59萬元），只有金融期貨還是接近漲停板，所以凱哥打算再留一個交易日。到了2009/5/6（第四交易日）開盤大約半小時部位分批平倉，金融期貨50口多單賣均價770點（凱哥的成本710點）。估算了一下，凱哥獲利（770－710）×1000元×50口＝300萬，加上台指選擇權獲利59萬，共359萬，扣掉虧損212萬，沒想到中國移動入主遠傳事件，本來虧損的部位，最後竟然還獲利147萬，這真是臨危不亂的最好案例。

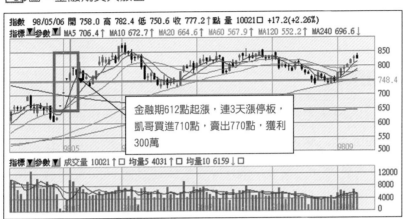

圖：金融期貨大漲圖

金融期612點起漲，連3天漲停板，凱哥買進710點，賣出770點，獲利300萬

圖表來源：嘉實資訊VIP看盤室

檢討與建議

　　比較高董（詳見84頁）和凱哥，同樣都是遇到遠傳事件急漲1000點大行情，高董虧損2.2億元，凱哥後來卻反敗為勝，當然除了高董資金部位太大、做選擇權賣方無法平倉等因素外，凱哥那種遇到行情不順，想要逆轉勝，冷靜思考的決心讓我佩服、而行情也真的在他強力運作下轉危為安，這真的是寫下期貨逆轉勝的新里程碑。凱哥近期準備轉往大陸發展期指，我也在此預祝他能成功。

贏家語錄

市場操作要成功，必須把注意力放在一套你最有信心的操作法則，然後你才能適度運用獲利。

2004總統大選後單日虧損560萬卻在10個交易日賺回

案例背景

　　2004總統大選過後那個禮拜，因為2天的台指期跌停，害老陳在股市努力好幾年的財富損失超過5成。之前玩股票10年從100多萬變成1000多萬，卻只花1年時間就讓1000萬翻倍，所以乾脆只玩期貨來賺高獲利，又那麼剛剛好遇到無預警的跌停鎖死2天，所有的期貨多單全掛，想賺一口「大台」變成倒賠2口大台給人家。選擇權更不用說了，當賣方想賺權利金1000元～10000元，卻一口平均賠了30000～50000元，之前贏了10次也不夠輸那麼1次，不過還好老陳最後借了500萬準備金，在台指期貨落底的V型反彈的時候大舉加碼有賺回來，但事後想想真是千鈞一髮，風險要好好控管。

■ 多單跌停板開出

　　選前看好藍軍（連宋配），並預期選後結束台指期貨會有波段漲幅，老陳和他朋友幾乎一面倒押多單，結果週六（3/19）發生兩顆子彈事件，記得那天下午看到摩台電子盤的崩盤式走勢（當時沒月週休二日，週六有開盤），導致次日投票綠營（水蓮

配）勝出，老陳只感到如末日來臨，真的不知怎麼形容是如何度過那個週末的。週一（3/22）誰贏倒不是老陳關注的，問題是壓了太多的多單部位，開盤近月台指期跌停，老陳立即損失560萬台幣，這次的損失已經是他所有資金的5成，他立即開口跟妹妹借500萬，妹妹得知他要去火拼期指，雖然心生猶豫，但拗不過他，還是借了。此時他手上有1000萬資金，他算過如果第二天又跌停可能就沒錢了，但到底投資哪個期貨，還是逢低承接台指期貨呢？

獨愛金融期

他跟筆者說，台灣的期貨市場有三大類：台指期、電子期和金融期，在這種面臨崩盤的時刻，究竟哪類是最有支撐的呢？政府護盤究竟哪裡最有效？答案是金融期。因為電子產業的範圍太大，要拉電子期不容易，但金融期的權重低，集中在大型金控股，而且股價又不高，缺點就是成交量較低（當時10日均量不足1.5萬口）。他決定在隔日以此為進場搶短標的，他又給筆者看了一個他自己的統計表，說金融期過去5次跌停（如下），4次次日都收紅，他研判這次金融期次日很可能會開低再走高，甚至收紅。

2004/3/15金融期跌停，次日收盤漲0.82%

2003/11/6金融期跌停，次日收盤漲0.93%

2001/12/21金融期跌停，次日收盤跌0.17%（唯一收黑）

2001/12/19金融期跌停，次日收盤漲1.04%

2000/4/26金融期跌停，次日收盤漲1.03%

當沖金融期雲霄飛車
（金融期開低後強力反彈，先低點買進作多，高點又迅速賣出。）

　　但他不準備放波段單，他認為這只是一個反彈，只能搶短當沖，由於台指期已經重挫超過10%，就算要再跌應該也會先反彈。他不愧是老手，就在3/23（二）筆者看到他的高超技術，由於他有請一位個人的key in小姐，當天開盤907點他就在開低904點後金融期開始強力反彈後開始喊單。以下每隔10～30秒左右（筆者在旁邊親眼看到的）：

1. 買進（作多）——908點買進10口、914點買進10口、919點買進10口……，960點買進10口……。

2. 平倉——見高點977點後開始反轉，他開始喊單出場，971點賣出10口、964點賣出10口、955點賣出10口……。

　　他進了大約100口，又把100口賣出平倉，那種充分掌握時間速度的決斷力，與對金融期高低點的掌握實在讓我大開眼界。

■■ 買認購權證搶短

　　他還去買跌到接近0.1元且到期日還長的多檔電子認購權證，記得某檔掛單1000張，雖然只有成交148張，從最高10元跌到當天最低0.3元的，後來出場都在2、3元，他說認購權證在大家急殺時會出現「超賣」，價格會嚴重低估，可以去掛低價搶單。由於當時已經跌到接近0元，而且距到期日又還有2、3個月，如果該權證標的物是不錯的股票，成交量也還可以，其實這種恐慌性殺盤權證已可以列入搶短的考量，後來果然多檔都大賺10～20倍出場。

■ 圖：3/23老陳當沖金融期獲利方式

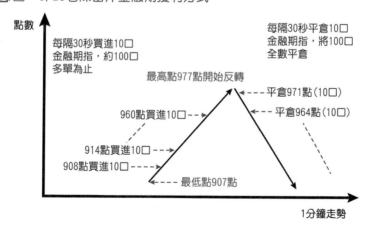

🗔 建議及檢討

　　期貨界天王張松允就曾經在2004年陳水扁中那2顆子彈時，當時張松允他期貨押多單留倉，結果2004年總統大選結束，期貨連續2天早上8：45分一開盤就大跳空跌停鎖死，張松允他短短2天據說就賠了3到4億台幣（但後來又賺回來了）。老陳只是貫徹張天王臨危不亂的心態，遇到虧損單日560萬，才能反敗為勝。多數投資人只能坐以待斃。他能預測第三個交易日開低拉高的老梗戲碼，知道這點的人也許不少，但能賺到的很少，以金融期開低到904點最低點，再迅速拉高到977點這種單日10%波動，相信大多數散戶在驚恐中完全無法動作，只能哀鴻遍野。老陳在技術分析和期貨下單技巧實在令筆者深深折服。

🗔▶圖：2004年總統大選老陳買進金融期指圖示

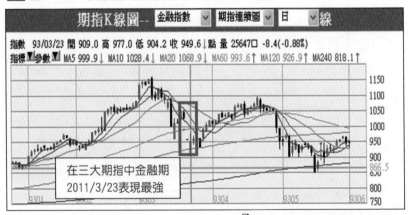

🗔 圖表來源：嘉實資訊VIP看盤室

表一、2004年總統大選後三大期指表現

	3/22收盤(第一交易日)	3/23收盤(第二交易日)	3/19～3/23指數變化
近月台指期	-7%（跌停）－478點	-4.68%，-297點由最低5908點收盤6055點（最高6220點）。	由6830點跌到6055點，波段跌幅11.34%。
近月金融期	-6.99%（跌停）	-0.88%（跌幅最小，最強），由最低904點拉到最高977點。	由1030點跌到最低904點。
近月電子期	-6.99%（跌停）	-5.34%（跌幅最大，最弱），由最低238.75點，收盤243點。	由276點跌到最低238.75點。

備註

根據老陳統計圖表所示，過去5次金融期當日跌停中，有4次次日都收紅，僅有1次收黑，果然這次2004年總統大選金融期也是三大期指中最強的期貨。

心法1：選好標的和時間再出手

以這次跌停1個交易日，老陳把火力集中在第2個交易日才出手，但其實這是逆勢單，他心裡有數，金融期最多跌兩天，要是再跌第3天，他資金也剩不多，所以這次算是例外。不過還好他賺回去了，後來在10個交易日賺回450多萬，認購權證獲利也超過100萬，就把虧損560萬賺回來了，他立即把500萬還給妹妹，自己也鬆了一口氣。

心法2：趨勢是進場的首要考慮，空頭不作多，多頭不作空

2004年總統大選當時大跌1000點，老陳跟業務員說，空頭趨勢要來臨了（後來由7200點跌到最低5200點），現在是空

頭，但反彈300～500點的行情要不要賺？其實多數散戶都是搶短被套住造成虧損，老陳不賺這種錢，他說搶反彈是高手的事，他沒能力做，只能順勢交易，所以在後續日子裡他真的是賺多賠少，2010年他已經在北市賺了2間2000萬的房子，是筆者少數見過在期貨市場能真正獲利的操盤人。

⬜ 筆者小故事

在2004年3月19日約13：00的時候（隔日投票選總統），筆者打電話給我擔任投顧董事長的學長（他是第四台老師兼該投顧董事長），問他在選後看法，大概沒人不認為連宋會贏，當時全國瀰漫一片選後大漲的氣氛。我學長說，選後會大跌，當時我很震驚，問他為什麼，他說萬一連宋當選，現任陳總統在5月20日連宋就職前一定會大舉倒貨，讓大家後悔；如果陳總統連任，反正已經連任也不用護盤了。這真是很強而有力的說帖，於是我開始想要放空，在近月契約履約價6400買進賣權（BUY PUT，當時指數位置在6800點附近），一方面也是擔心選後大漲，所以就想做台指選擇權買方比較妥當，最多賠光權利金，來買20口。當時2004年4月契約履約價6400點，權利金PUT大約80點，後來我沒買到，因為我一直掛70點買進，結果根本沒來，就這樣在期貨市場空手。沒想到之後兩顆子彈事件，台指期大跌將近1000點，權利金80點最高漲到745點（見表二），幅度超過9倍，如果以10口計算，至少少賺20～30萬以上（當然不可能賣在最高

點），也許這錢並不大，但這從手上溜走的富貴也讓我懊惱多日呢！所以總統大選千萬不要缺席，沒把握可以Buy Call、Buy Put同時做也行。

表二、筆者錯過2004年總統大選買進選擇權PUT獲利9倍的機會

	3/19權利金	3/22權利金	3/23權利金
履約價6400點PUT	80點	555（＋474點）	最高745點 （745／80＝9.3倍）
台指期貨	6830點	6352點（-478點）	最低5908點 （最大跌444點）

圖：筆者錯過2004年總統大選買進選擇權PUT獲利9倍的機會

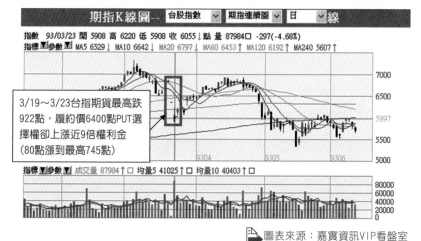

3/19～3/23台指期貨最高跌922點，履約價6400點PUT選擇權卻上漲近9倍權利金（80點漲到最高745點）

圖表來源：嘉實資訊VIP看盤室

贏家語錄

盤勢只有一個方向，不是多頭或空頭，而是會讓你獲利的方向。

美國次級房貸逆轉勝——虧損1000萬到最後變成獲利案例

　　做期指最怕遇到的兩種行情，第一種就是出現突發性急漲或急跌，而你剛好做在相反的方向，像前述中國移動入主遠傳12%，大漲1000點，作空單的就賠了2億，還有另一種就是出現大波段行情的V型反轉，由低點翻揚或高點反轉直下，而多數人都無法知道未來走勢，像3366點和9829點兩次極端的價格都遭受重大損失，2007年美國次級房貸，別說是期貨的操作，台股股票和基金都瘦到嚴重損失，筆者身邊很多客戶賠到上千萬，鄭小姐能夠在虧損中逆轉勝，這真的很不容易。

　　鄭小姐在筆者眾多客戶中不是賺最多錢，也不是最年輕的操盤人，但是她卻是2005年後在近期台指期貨市場中算是操作較穩定的投資人（37歲，她白天還在證券方面的系統資訊公司工作，年薪約新台幣75萬，薪資僅算普通水準）。但她是台北市某立委的女兒，據說他家的地在新北市有上萬坪之多，筆數高達數十筆。當然她也常跟筆者詢問對盤勢意見跟看法，她跟筆者亦師亦友，所以2007年台股受到美國次級房貸以致全球股市大跌，台指期貨市場更因此被外資賺走新台幣100億（據台灣期貨公會公告，某家期貨公司股本僅新台幣6億，該期間自營部卻虧損8億，此為最大單一虧損的公司，台灣的期指投資人及其它法人幾

乎都是損失慘重），而鄭小姐在此期間還能夠把虧損賺回來（所有損益加總），也算是異類。在此她跟筆者分享此期間操作是如何獲利的。

案例背景

📖 表一、鄭小姐在美國次級房貸前後以「技術分析」操盤日誌（以下以新台幣計價）

8246點漲到9829點階段（美國次級房貸事件爆發前）		
指數走勢狀況	技術分析	進場操作策略及盈虧
第一階段 （指數上漲） 8246點～9000點	先前已經盤整2個月，指數站穩8200點後在上升趨勢線變得很陡，已超過45度。	策略：多單大舉進場，該階段獲利240萬元。 只要前晚美股收高，台股當日開盤未破5分鐘線低點，就以10口多單每隔20點～30點左右進場，操作口數多數維持在每日台指期20口～30口多單（單邊），留倉以不超過10口為策略。
第二階段 （指數上漲） 9000點～9500點	根據各種指標都過熱，指數在大漲後應該要回檔了，9500點是壓力，但一直沒跌破前日低點而底部越墊越高。	策略：多單少量進場，空單搭配進場，該階段虧損120萬元。 雖然鄭小姐仍看好行情，但知道離高點不遠，進場已經保守許多，不敢大舉進場，甚至9300點附近曾放空40口。
第三階段 （強弩之末） 9500點～9829點	3日、5日、10日均線突破且跌下來都很快站穩，MACD和KD及動量指標MTM及AR都顯示10000點即將到來。	策略：多單大舉進場，該階段獲利100萬，但還留倉40口多單。 大舉看多進場，單日最高進出100口多單（單邊），留倉增加到40口。

9829點崩盤點開始（美國次級房貸事件爆發後）		
指數走勢狀況	技術分析	進場操作策略及盈虧
2007/7/26（最高點下跌第一天） 指數開高來到9829點新高點，但隨即往下殺。開盤一小時不到台股集中市場成交量高達1200億，極可能超過市場普遍達共識的3000億元警戒量。（收盤台指期貨大跌193點，當天台指期貨成交量9.8萬口及未平倉量6.3萬口，台股集中市場3200多億，都創下歷史新高。）	盤中日K線跌破2007.6所創下8336點以來的近期上升趨勢線，多頭格局已經出現出現破壞徵兆，但鄭小姐認為還有機會（她事後說是自欺欺人作法）。	策略：20口多單停損 當指數沖高9800開始下跌時，雖然在指數創新高後出現長黑，暫時視為盤勢拉回整理，對於多頭格局看法未變，還持續作多20口，但尾盤急跌殺破停損價位當日多單20口全數認賠出場，虧損約35.4萬元，但前日多單40口留倉尚未出場。平均成本在9660點，當日收盤價9555點，帳面虧損84萬元。
2007/7/27（指數大跌） 台股因美股大跌出現320點跌幅開出，多殺多的狀況已經浮現（收盤台指期貨8981點，大跌565點）。	出現跳空缺口且指數距前一日的最高點9829點，2天已有800點差距，頭部隱然成形；指數距60日均線的支撐8662點，尚有300點的下跌空間（她事後說已經亂了步伐亂做單，空單不做還攤平空單。）	策略：採取搶短多單 研判指數會先漲再跌，開盤後下跌320點附近進場搶短多單，結果指數持續重挫至下跌565點（再跌245點之多），以致損失慘重，合計連盤中搶短55口（損失約270萬），及先前留倉單40口9660點停損（損失約460萬），合計損失730萬元。這時她很急也很氣，已經不知該怎麼辦，才知道指數期貨是她一輩子操作難度最高的商品。
2007/8/1～2007/8/14（區間盤整） 台指期盤整10日，最高9188點最低8733點，事實上指數空間不大，多數期間在8800～9000點間。	3日、5日、10日均線都是呈現向下彎曲，60日均線雖然走平但似乎不穩，所有技術指標（MACD和KD等）呈現短線大跌後的低檔盤整。	策略：冷靜思考盤勢，準備採取高出低進來應付盤整盤，但運氣不好仍虧損。 每日周轉約40口，沒有方向性，以區間盤操作，7個交易日虧損約195萬，短期均線都呈現向下，僅有60日均線守穩。根據以往的經驗，股市翻空時，股價一再測試某支撐，則該支撐跌破的機率很高，60日線已經岌岌可危，2007年8月14日空單持續留倉28口，均價約8910點。

9829點崩盤點開始（美國次級房貸事件爆發後）

指數走勢狀況	技術分析	進場操作策略及盈虧
2007/8/15（跌破重要支撐） 美股大跌，台指期跳空正式跌破60日均線（當時已經因盤整而提高到8838點）。	大盤連接7270點至7968點所形成的上升趨勢線的支撐又再度跌破，預期跌勢將加劇。	策略：保證金提高1倍，觀望。 原留倉空單28口持續獲利外，當日盤勢疲弱，此時因保證金陸續調高到15萬甚至19.5萬（7月底為9萬），風險已高，她略顯保守不敢再空，平倉獲利8615點，獲利165.2萬元。
2007/8/16～2007/8/17（連續崩跌） 由8800多點2天時間連續跌破60日線8838點及120日線8359點，又殺破8000點，盤中指數最低殺到7810點，測試240日線（年線）7865點指數依然收黑。	當大盤跌到8200點，6232點及7270點所形成的中期上升趨勢線已初步發揮支撐，加上多檔權值優股如鴻海等殺跌停，顯示恐慌已到極點。筆者跟一個曾任證券公司副總裁的資深操盤人談過，我們都認為底部應該不遠，預期將反彈，勸她空單出場。	策略：全力放空，空單80口。 鄭小姐當時不太認同筆者看法，並贊同台灣先生谷月涵看法，認為7600點一定會破，甚至有機會來到7200點，執意強力放空空單80口，因為放空的部位集中在8000點附近，80口均價約在8045點（當日結算價7885點）。未平倉獲利已達256萬，她跟筆者說她看盤功力已超越筆者，要筆者修正看法。
2007/8/20（指數大漲） 美股因聯準會（Fed）無預警於上週五（8月17日）調降重貼現率兩碼，而全世界股市強勁反彈，台指期貨收盤大漲543點，收8428點。	技術線由低檔反彈，筆者警告台指期貨跌幅已經超過20%，出現V型反轉機會很大。她聽從筆者意見認賠出場。	策略：80口空單先回補。 台指期大幅反彈超過600點，停損8400點後，由原本獲利256萬變成損失近612.8萬，等於單日虧868.8萬。鄭小姐十分沮喪幾近崩潰，整整三天心情都無法回復（一天輸掉3台300萬賓士）。她很想退出市場，但跟筆者談過後心情較為好轉。筆者建議要做到得失無動於衷才有機會再賺回來，市場永遠都在。
2007/8/21之後（指數大漲2000點） 台指每日走高呈現反彈，2007年10月3日居然反彈到9771點，幾乎是大跌前高點。	根據波浪理論修正波（前一到五波已走完，參考圖一的a波/b波/c波），c波走完應有大多頭行情。她認為盤勢尚未走穩，但短多單會有較大機會獲利，開始強力作多。	策略：強力作多，每日20～50口多單，以留倉1、2個交易日為主。 指數7800點起大漲2000點，累計25次短多單獲利18次，勝率高達72%，獲利約1240萬，已將損失都彌補回來了。

⚙ 備註

鄭小姐累計損失金額損失以上已扣除期交稅和手續費。

🔲 圖：鄭小姐操作台指期貨在美國次級房貸（台指期貨9829點前後）損益一覽表

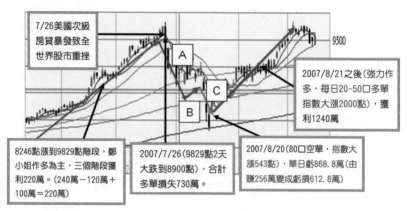

7/26美國次級
房貸暴發致全
世界股市重挫

9500

A

C

B

2007/8/21之後（強力作
多，每日20-50口多單
指數大漲2000點），獲
利1240萬

8246點漲到9829點階段，鄭
小姐作多為主，三個階段獲
利220萬。（240萬－120萬＋
100萬＝220萬）

2007/7/26（9829點2天
大跌到8900點），合計
多單損失730萬。

2007/8/20（80口空單，指數大
漲543點），單日虧868.8萬（由
賺256萬變成虧損612.8萬）

📄 圖表來源：嘉實資訊VIP看盤室

🔲 建議及檢討

❶ 懂技術分析卻被盤勢修理得很慘

　　回顧這一波美國次級房貸風暴，台股在市場一致看好的情況下，籌碼快速分散而大跌，看似要開始崩潰，又在市場一致看壞下，籌碼重新凝聚而展開攻勢。鄭小姐是技術分析的高手，而且她也知道跌破重要支撐應該要把多單認賠，但她卻自欺欺人反向加碼，導致虧損金額超過1000萬。市場永遠深不可測，如果你以為自己很強而不夠謙虛，盤勢一定會修理你。

❷ 一波2000點上漲反敗為勝

如果沒有最後一波2000點行情，鄭小姐還是虧損1000多萬，但賠了這麼多，為什麼能賺回來？她說這是信念，她相信自己能賺回來，當時會研判上漲大波段完全是靠運氣且戰且走，所以留倉都只有1到2個交易日，只是把口數增大到20～50口，有獲利就落袋為安，否則應該會賺更多，但她說這樣就夠了。

◻ 後續

鄭小姐常跟筆者說想要當專業全職期貨操盤人，但又擔心資金虧光光後沒工作，事實上，筆者認識的人中要能在期貨市場持續獲利者都是專職操盤人。鄭小姐值得學習的地方是在，指數重挫中心情能迅速回穩，不因此而氣餒導致失敗，她可謂是業餘期貨操盤者的高手。這波她賺回2000點（漲到9500點）後來又跌下去，還好她當時「剛好」被公司派去泰國公司1個月，否則她說她還會作多，可能會再虧一半，因為她說她當時認為10000點會再來，筆者事後笑著說她還真是執迷不悟啊！

贏家語錄

絕大多數成功者都是在於能持之以恆，恪守紀律，應用好的策略和擁有一份處變不驚的心。

參、

中國滬深300指數期貨——
台灣7個月獲利100%贏家團隊

案例 (獲利高達本金100%、數千萬台幣之多)

這是筆者目前看過操作滬深300期指中，獲利最穩健、風控最完善的台灣團隊，他們在短短7個月獲利100%（筆者有看過對帳單），以下是他們給筆者的贏家觀念。

技術分析最重要的概念是「趨勢」，最偉大的發明則是「倒金字塔加碼」，倒金字塔加碼是資金管理下注的方式，如果搭配籌碼就很完美了。

有部影片《決勝21點》，男主角在玩21點時，透過計牌法可以判斷每一局的勝負機率，並藉此獲利，並且這是你的系統所能告訴你關於這一局的所有資訊（假設你能預先觀察到下一局，並不能使你這一局的勝算更高；如果你使用效率更高的計牌法，那是另外一回事）；但是市場則不同，下一局的觀察會影響到你對目前這一局勝率的估計，因為這本身就是同一個事件，只不過它是一個連續事件，這就是「趨勢」的概念。

舉一個例子，有位投資人陳董觀察到台股上萬點後會崩跌的趨勢，這時他估計他的勝率是20%，上萬點後他下了100口的「空單部位」，但對於20%的機率他感到沒有把握。後來萬點跌到9500點，他發現趨勢更明顯了，他對這個趨勢更有把握了，他的勝率提高到50%，因此再加碼100口空單部位。再過幾個交

易日，台指期貨跌破9000點，他的勝率提高到95%，他幾乎是大賺，於是再加碼100口空單。1000點跌幅的空頭趨勢分三次下注，這就是21點的概念。

凱利公式：Kelly%＝W－（1－W）／R
　　　　　Kelly%＝投入一次trading的資金百分比。
　　　　　W＝平均trading歷史勝率。
　　　　　R＝獲勝率／虧損率（歷史平均）

我們把每次進場投資的金額定義為「原始金額」，假設某甲的歷史平均交易勝率40%（操作期貨實際勝率多半不到50%），每次停利為原始金額20%，停損為原始金額10%，若他要在市場獲利，凱利值為40%－（1－40%）／（20%／10%）＝10%，亦即每次投入的資金必須小於總資金的10%。

每次獲利是總資金的10%（投入資金占總資金百分比）*20%（停利占原始金額百分比）＝2%；每次損失是總資金的10%（投入資金占總資金百分比）*10%＝1%。

如果每次進場投資100萬元，每次獲利就應該是2萬元（100萬*2%），每次虧損則應該是1萬元（100萬*1%）。

看起來很簡單，如果進出100次，勝率40次，每次賺2萬，期望值＝40*2＝80萬；60次虧損，每次最大損失1萬元，期望值

＝60＊（－1）＝－60萬，合計＝80－60＝20萬。每作100次單可以賺20萬，一天做300次單就可以獲利60萬元。

這太理論了！李總經理說他們的概念是從凱利公式發展出來，再結合凱利公式和倒金字塔方式加碼，配合嚴守停損創造出來的。

以台指期貨來說（他們有操作台指期貨多年），台指期貨每漲或跌8點是一個單位，以多單為例，每漲8點就加碼上去，最後回跌8點立即嚴守停損，反之下跌放空也是如此，因而造就5個月獲利60%本金的驚人案例。

💰 表一、每上漲8點就買一單位，回檔立即全部平倉

上漲趨勢（每漲8點就作多1口）	下跌趨勢（每跌8點就作空1口）
確認上漲，作多1口。	確認7550點上漲，作多1口。
再漲8點（共漲8*1＝8點），再作多1口。	再漲8點（到7558點），再作多1口。
再漲8點（共漲8*2＝16點），再作多1口。	再漲8點（到7566點），再作多1口。
再漲8點（共漲8*3＝24點），再作多1口。	再漲8點（到7574點），再作多1口。
再漲8點（共漲8*4＝32點），再作多1口。	再漲8點（到7582點），再作多1口。
反轉回跌8點，手上5口全數平倉。	反轉回跌，跌回7578點，平倉5口。
損益部位＝（24點＋16點＋8點）*10口－8點＝獲利40點	

🔁 圖：每上漲8點就買一單位，回檔立即全部平倉

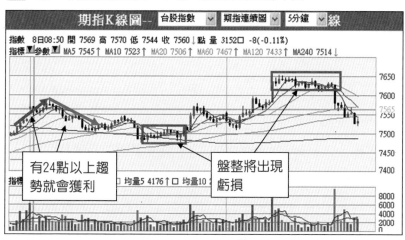

有24點以上趨勢就會獲利

盤整將出現虧損

📠 圖表來源：嘉實資訊VIP看盤室

在一個趨勢中，假設你分三次定點加碼，你應該按：

第一種10口、10口、10口；第二種10口、6口、3口（金字塔式）；還是第三種3口、6口、10口（倒金字塔）方式下注呢？多數人會選擇第一種或第二種，因為第三種倒金字塔式是將自己置於一個風險極高的位置，一個明顯趨勢總會經歷起漲（跌）、波段、反轉等過程，當你加碼到最大口數，行情結束的機率也很高，採用倒金字塔加碼，較小的反轉就可以侵蝕之前所有的獲利。因此這群團隊就是運用第一種方式，採固定口數加碼，「不問多空、只管趨勢」，每個人各司其職，創造出傲人的獲利。

根據他們的成員、台灣前三大期貨公司經紀部副總說，他們這樣的操作方式其實違反倒金字塔法則，因為風險加到最大，

因此這個方式的重點策略在於「嚴守停損」，而不在「勝率」多
高。

但他們有三個操作法則：

❶ 成交量：

他們團隊中有位高手在台指期貨操作已經連續52個月都獲
利，這種傲人紀錄在台灣實屬少見，但後來他們仍轉往中國滬深
300期指操作，原因就是台指期貨成交量不夠「平均」。2011年
以來，台指期貨日均量雖然目前都超過10萬口，甚至最高單日
超過25萬口（2011/8），但在5分鐘均量甚至1分鐘，1個TICK仍
不夠平均（以1個交易日5小時，也就是300分鐘來看），很多部
位其實都是虛掛而非真正要買賣，造成很多時候看到價位卻「買
不到、平不掉」，所以他們選擇滬深300期指來作單，這部份的
均量相當充足，他們可以很充裕的將部位進出（而且是在台灣下
單，下單時間差的問題並沒有影響到他們的獲利）。

❷ 盤整盤休兵：

他們其中一個方法就是運用8點上下同口數加碼（用1口或
是10口進出），下跌也是每8點就一直空，當上漲第1個8點就立
即全數平倉。這樣的獲利方程式有缺點，只要遇到盤整盤一定虧
損，所以如果沒有趨勢出現，都是盤整盤，沒有量就休兵，以逸
待勞，把虧損的金額縮小，把獲利時間拉大。（中國滬深300期貨
以TICK為單位操作）

❸ 初期市場和成熟市場：

　　中國滬深300期指除了剛推出外（2010/4/16推出），他們的玩家也受到很多限制，在中國是大戶才能操作（屬於特定人的市場）。反觀台灣是連小散戶或是學生都可以玩，外資參與加上程式交易充斥，市場過度成熟，根本無利基點，因為你要進場的點大概也是其他人要買賣的點，自然在中國滬深300期指比較有獲利機會。

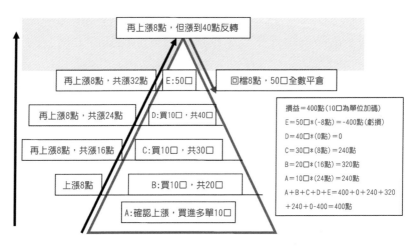

　　由於該團隊堅持不肯讓對帳單公佈，筆者只好從善如流，但將他們成功方式做重點整理。

1. 在台灣下單：

　　多數操作中國的期指都在中國下單，甚至上海（中金所在上海），因期貨有「時效」，差幾秒價位就差很多，但這團隊竟能克服。

2. 虧少賺多

7個月中有1～2個月虧損，而獲利的月份金額都在10～40（人民幣）萬之間，且每月獲利是逐步增大，這代表他們在「盤整」的虧損可以由「趨勢」的獲利賺回來，這種獲利方式理論上是可以持續而長期的，並非「賭多空」大賺大賠。

3. 當沖不留倉，以均線為師

在滬深300期指的5日、10日、20日（月線）、60日（季線）、120日（半年線）、240日（年線）的均線法則下，站上均線開始作多，跌破均線就作空，以IF1111（滬深300的2011年11月份契約）

平均每個交易日作10～25回，約20～50手，每手獲利平均800元（滬深300每點300元，約2～3點），虧損平均400元，約1～1.5點，長久因當沖不留倉，所以獲利。

4. 程式150組隨時修正，讓錯誤降低，勝率提高。

贏家語錄

只有在市場展現強烈的趨勢特性，或者你的分析顯示市場正在醞釀形成趨勢，才能放手進場，而且順著這個主控全局的趨勢操作，否則就觀戰於場外。

肆、

附錄──黃小聖的期貨異想世界

■■ 案例1：下空單，每口虧損500點

由10000點跌到4000點，看起來仍無止跌跡象，指數崩盤似的下跌，這段期間是台灣股市跌幅最大的一次，政黨輪替和經濟的衰退，筆者在一路看空的過程中看到股民哀鴻遍野，任何技術線都是應聲跌破。當指數在3530點時，有位客戶李先生（小散戶）勇敢進場放空一口小型台指（原始保證金為大台指1/4），指數跌到3427歷史次低點，出現逆價差271點，他的看法是台股會跌破3000點（其實我也是，我也想去放空），當時持續一週逆價差高達100點以上，但美股開始強力翻多反彈，台股指數也隨之翻多，結果該客戶在3950平倉（該月契約結算價是3830），損失金額高達21000元（50元/點*420點＝21000元），我後來想還好不是我，虧那麼多，可是如果當時是我，我也會跟他一樣下空單，都是失敗的人。

■■ 案例2：在2008總統大選前出現極高正價差，權利金暴漲3倍

總統大選在2008/3/22舉行，在那前幾天筆者就開始BUY CALL，我猜馬英九會當選。2008/3/21出現驚人指數，台指期收8612點（正價差87點），當時我在前兩個交易日買了三個履約價，分別是：

履約價8800點漲到316點；履約價8900點漲到271點；履約價9000點漲到229點。

履約價	權利金價格	現貨結算獲利點
8800	316點（合理權利金應該不到100點）	9116點（8800＋316）
8900	271點（合理權利金應該不到70點）	9171點（8900＋271）
9000	229點（合理權利金應該不到40點）	9229點（9000＋229）

目前台指期貨價格8612點，也就是如果想放到結算，台指期貨至少還要再漲500點，這三個履約價才划算（以最低9116點計算）。為何會如此？就是馬英九效應，但事後證明只要敢買CALL的人都賺了。

我買了上述三個履約價，結算價要漲到9100～9200點才會獲利（台股加權指數僅8525點，台指期貨8612點）！我覺得我瘋了，瘋狂BUY CALL竟然還賺，但我真的買了幾十口，而且當時都已經獲利30%～50%（當時我很多朋友BUY PUT，因為太便宜了，後來全都損失慘重），但我實在太貪心了，覺得指數會到9500以上，因此馬英九當選後的第一個交易日（2008/3/24）我沒有立刻出場，結果台指期貨出現最高點9113點後開始急殺，5分鐘就把我先前賺的都吃光，眼看大勢已去，我趕緊賣出CALL，最後每口僅賺到2～5點（扣掉手續費），真是欲哭無淚！所以選擇權告訴我一件事，如果你要挑戰市場的高點，你就必須更快。

■■ 案例3：台指選擇權權利金大漲卻不敢追價，以致少賺150%

時間：2011/8，台指期貨8600點崩盤，跌到7091點

　　筆者每天都BUY PUT20～30口，結果今天大逆轉，跌到7200點還太貪心都沒出場，台指期在11點過後開始大漲，PUT開始獲利回吐30～40%，只好趕緊平倉。看準政府拉抬進場，權值股很明顯開始大逆轉，我下單7400點BuyCALL，掛單140點20口，結果約20分鐘（11:20）瞬間拉到200點，沒掛到，後來看到350點已經開始昏了（如果140點買進，漲到350點，獲利150%）。進場原因就是台股過去5年沒有在那麼短時間內跌1500點過，而且台股跌幅竟然高居世界第一，這太不合理了，我連指標都沒看就開始掛單了，但因為CALL是逆勢單實在買不下去，所以價位也掛得比較遠，最後沒成交也只能認了。

圖：台指選擇權權利金大漲卻不敢追價，以致少賺150%

圖表來源：嘉實資訊VIP看盤室

圖：台指期貨因政治事件急拉235點

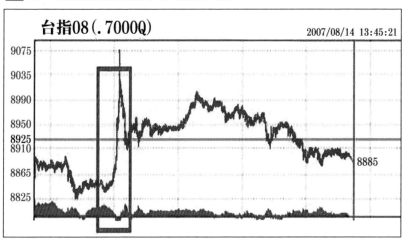

圖表來源：嘉實資訊VIP看盤室

■■ 案例4：台指期貨是政治期指

　　2007/8/14國民黨總統候選人馬英九在特別費案獲判無罪後，台指期貨200708契約在短短3分鐘內（AM10:00～AM10:03）立即由8840點上漲到9075點（由下跌近100點變成上漲135點，高低點高達235點），其時間之短根本來不及反應，假設投資人在最低點放空，若保證金也只有剛好一口資金，若被強制平倉，則單日虧損近5萬（詳見上圖藍框部份）。所以在操作台指期貨時，對於盤勢影響甚鉅的政治新聞要非常認真注意，這和中國政策對股市影響無遠弗屆是相同的！

贏 家 語 錄

任何一位操作者最兇惡的敵人絕不是市場或其他對手，而是自己！該採取行動買進就要當機立斷，該停損就要確實執行，對分析和操作要充滿信心才會成功。

最後一頁隨書附贈的聚財點數100點如何使用？

聚財網是台灣知名財經網站，每天都有數十萬人次在聚財網上查資料及討論，
聚財網上有許多精彩的文章及功能需要使用聚財點數才能閱讀或使用，
購買本書的讀者，千萬不要浪費隨書附贈的聚財點數！

如果您非聚財網的會員，可以利用隨書附贈的聚財點數註冊成為會員，並開啟
聚財點數100點！

如果您已是聚財網會員，可以利用隨書附贈的聚財點數開啟聚財點數120點！

您還等什麼！現在就翻開最後一頁，並上聚財網開啟聚財點數吧！

聚財網
http://www.wearn.com

開啟聚財點數請至
http://www.wearn.com/open/

若有任何問題，歡迎於台北上班時間與我們聯絡，電話：02-82287755
或利用意見服務信箱，我們收到後，會以最快的速度協助解決，非常感謝您！

聚財網叢書

聚財資訊出版　凡購買聚財書籍，皆隨書附贈聚財點數100點，新朋友可藉由附贈的點數加入成為聚財網會員！

更多書籍詳細資訊請至聚財網查詢 http://www.wearn.com/book/

國家圖書館出版品預行編目資料

金融交易的天堂與地獄：臺灣20個驚天動地期貨交
　易實例 / 黃律聖著. -- 初版. -- 新北市：聚
　財資訊, 2011.12
　　面　；　公分. --（聚財網叢書　；　A070）
　ISBN　978-986-6366-39-0（平裝）

1.期貨交易　2.選擇權　3.投資技術

563.534　　　　　　　　　　　　　　　100021484

聚財網叢書　A070

金融交易的天堂與地獄：

台灣20個驚天動地期貨交易實例

作　　者　黃律聖
總 編 輯　莊鳳玉
編　　校　高怡卿・黃筱瑋
設　　計　陳媚鈴

出 版 者　聚財資訊股份有限公司
地　　址　23557 新北市中和區板南路653號18樓
電　　話　(02) 8228-7755
傳　　真　(02) 8228-7757

法律顧問　萬業法律事務所　湯明亮 律師

軟體提供　嘉實資訊VIP看盤室

總 經 銷　聯合發行股份有限公司
地　　址　231 新北市新店區寶橋路235巷6弄6號2樓
電　　話　(02) 2917-8022
傳　　真　(02) 2915-6275
訂書專線　(02) 2917-8022

ISBN-13　978-986-6366-39-0
版　　次　2011年12月 初版一刷
定　　價　360 元